CONQUISTE SUA PAZ INTERIOR

EDITORA EME

Solicite nosso catálogo completo, com mais de 500 títulos, onde você encontra as melhores opções do bom livro espírita: literatura infantojuvenil, contos, obras biográficas e de autoajuda, mensagens espirituais, romances palpitantes, estudos doutrinários, obras básicas de Allan Kardec, e mais os esclarecedores cursos e estudos para aplicação no centro espírita - iniciação, mediunidade, reuniões mediúnicas, oratória, desobsessão, fluidos e passes.

E caso não encontre os nossos livros na livraria de sua preferência, solicite o endereço de nosso distribuidor mais próximo de você.

Edição e distribuição

EDITORA EME

Caixa Postal 1820 - CEP 13360-000 - Capivari - SP
Telefones: (19) 3491-7000 | 3491-5449
Vivo (19) 99983-2575 | Claro (19) 99317-2800
vendas@editoraeme.com.br - www.editoraeme.com.br

SEVERINO BARBOSA

CONQUISTE SUA PAZ INTERIOR

Capivari-SP
– 2015 –

A Editora EME mantém o Centro Espírita "Mensagem de Esperança", colabora na manutenção da Comunidade Psicossomática Nova Consciência (clínica masculina para tratamento da dependência química), e patrocina, junto com outras empresas, a Central de Educação e Atendimento da Criança (Casa da Criança), em Capivari-SP.

1ª edição - outubro/2015 - 3.000 exemplares

CAPA | Marco Melo
DIAGRAMAÇÃO | Marco Melo
REVISÃO | Editora EME

Ficha catalográfica:

Barbosa, Severino, 1942
Conquiste sua paz interior / Severino Barbosa. - 1ª ed. out. 2015 - Capivari, SP : Editora EME.
136 p.

ISBN 978-85-66805-67-3

1. Autoajuda. Autoconhecimento.
2. O poder do conhecimento positivo.
3. Textos motivacionais.
I. TÍTULO.

CDD 133.9

SUMÁRIO

INTRODUÇÃO

Já havíamos deixado esta modesta obra sem as palavras introdutórias, por considerar desnecessárias. Entretanto, lembramos em tempo, de esclarecer que os nossos livros, notadamente aqueles que consideramos de "autoajuda", não têm por fim ajudar as pessoas a triunfarem na vida material, repassando regras e segredos da arte de conquistar êxitos e sucessos na política, nos empreendimentos empresariais e outros. Não. Não escrevemos com essa finalidade.

Os nossos escritos têm por objetivo primordial conduzir as criaturas aos triunfos sobre si mesmas, ajudando-as a disciplinar suas imperfeições morais, em forma de orgulho, vaidade, egoísmo e demais paixões que situam o homem em nível inferior de evolução. Também melhorar a qualidade de vida emocional e incentivar a edificar as colunas do caráter. Enfim, fazer o homem crescer em espírito.

Outrossim, escrevemos ***Conquiste sua paz interior,*** com o fim de auxiliar às pessoas a descobrirem em si mesmas o segredo de como alcançar a plenitude da paz, na tentativa de convencê-las de que querer é poder.

Todas as criaturas, no âmbito do seu limite, sabendo explorar os segredos da força de vontade, sem dúvida conseguirão esse fim.

Exercitar a arte de se manter em quietude interior não é privilégio somente dos indivíduos dotados de recursos especiais. Não. Todas as pessoas, mesmo aquelas que se acham situadas em meio ao fogo cruzado dos mais diversificados problemas e dificuldades, podem, querendo, enfrentar as situações mais difíceis, sustentando o controle das emoções e refugiar-se em sua serenidade interior.

A ideia de compor a presente obra de autoajuda nasceu da nossa observação em relação às agitações do mundo moderno, que tira o sossego de qualquer criatura de Deus.

Num mundo, onde as pessoas se tornam escravas do fator tempo, a consequência inevitável é o desgaste de energia física e psíquica. Daí o malfadado estresse, a ansiedade e a depressão, que são as "doenças" da moda.

A palavra "estresse" anda de boca em boca, no mundo todo. Talvez o estresse já surja no cenário como fator resultante de uma depressão em fase inicial.

É interessante realçar, no entanto, que a paz a que nos referimos nesta modesta obra, não é aquela em que o indivíduo vê o mundo desabar ao seu redor e nada faz para remediar a situação.

Permita-me denominar essa paz, de passividade

patológica. Não é a paz de uma pessoa normal. Não. A paz que recomendamos é a das criaturas normais. É a paz, a quietude, a serenidade que não possuem aqueles que se acham sufocados pelos tormentos das constantes agitações da vida moderna.

É bom lembrar, por oportuno, que a paz interior é uma construção longa, muitas vezes penosa; é uma conquista individual saturada de sacrifício, renúncia e vontade obstinada.

É bom esclarecer que a paz e a felicidade, mesmo relativas, não são concessões especiais ou graças oferecidas gratuitamente por Deus. Absolutamente.

Como já dissemos, são conquistas pessoais. Ora, se Deus, que é justo, concedeu a graça a Manoel, por que não a Antonio e a José?

Acreditar que a paz e a felicidade são graças celestiais, é negar a justiça de Deus, que a uns concede abundantemente e, a outros, nega radicalmente. A balança de Deus não tem dois pesos nem duas medidas.

É interessante lembrar, portanto, que as virtudes, tanto as menores, aparentemente insignificantes, quanto as maiores, somente são alcançadas com esforço pessoal, ao longo das sucessivas reencarnações. De modo que, quando o espírito reencarna, já traz o progresso feito. Por aí se vê que não é graça celestial, mas conquista, experiência adquirida pelo livre-arbítrio que gera o crescimento do espírito para Deus.

Esse crescimento é o que se chama em espiritismo de progresso moral, que toda alma conquistará mais cedo ou mais tarde, inevitavelmente.

Num arremate final, diríamos que esta modesta obra não contém nada de especial, apenas algumas regras simples que tornam o leitor convicto de que pode (e deve) conquistar sua paz interior, superando seus complexos de inferioridade; não se deixando abater pelo desânimo; não se sentir fracassado; cultivar o temperamento brando; manter a alma tranquila; cultivar, periodicamente, a prática do silêncio; evitar desgaste emocional desnecessário; fazer preces ao se sentir em desespero; analisar os seus conceitos de coragem; cultivar o hábito de simplificar a vida, etc.

Assim, sem mais delonga, pomos às mãos do estimado leitor *Conquiste sua paz interior*, para deguste lento e sossegado.

Severino Barbosa

CAPÍTULO UM

SUPERE SEUS COMPLEXOS DE INFERIORIDADE – I

SUPERE SEUS COMPLEXOS DE INFERIORIDADE – I

Somente vence aquele que acredita vencer.

Emerson

Os estudiosos do comportamento humano afirmam que o complexo de inferioridade e de inaptidão tem sido o responsável pelo mau êxito das pessoas. É um mal que atinge não somente os ignorantes, mas também os instruídos. E ocorre em todos os setores das atividades humanas.

Aparentemente, não é um mal, e até passa despercebido pelos seus portadores, mas se for analisado pelas suas consequências, evidentemente é um ponto negativo da personalidade, que precisa de correção.

Tenho um amigo da época de adolescência, que embora de bom caráter, continua tão complexado, mas tão complexado mesmo, que, se no mundo existir outro igual a ele, e se fosse possível juntar os dois, o mais complexado ainda seria ele.

Interessante é que o amigo tem plena consciência do seu fraco, mas afirma que não possui forças para abater esse monstro. É pessoa de vida simples. Ele sempre teve vontade de estudar, fazer concursos, trabalhar, crescer, como acontece com qualquer indivíduo normal, mas não conseguiu devido ao complexo de inferioridade. É assim que ele se justifica. Diz que se sente inapto para qualquer empreendimento, por mais insignificante que seja.

É uma criatura desprovida de fé. Duvida de tudo e de todos. Ele é o retrato vivo da maioria das pessoas. Certamente, os indivíduos portadores de complexos de inferioridade adquiriram esse mal na infância, no próprio lar. É defeito de criação, quer dizer, de educação.

Às vezes, os pais ou os professores criam os

complexos no juízo das crianças, fazendo comparações com as mais inteligentes, mais capacitadas, mais competentes.

Tais comparações podem até servir de motivação ou estímulo para uns, porém, para a maioria o resultado pode ser diferente, pode daí nascer os complexos que vão atormentar a vida das crianças ao alcançarem às etapas naturais da adolescência, da juventude, da maturidade e da velhice, estigmatizadas pelos complexos e pela sensação de inaptidão para as conquistas naturais da existência terrena.

Devemos também ressaltar, no entanto, que os complexos mais enraizados na personalidade podem ter suas origens na existência pretérita. O indivíduo já reencarna trazendo do passado essa bagagem negativa. Mas é curável também.

A ausência de fé, de confiança em si mesmo e em sua capacidade, pode levar as criaturas a tremerem diante das realizações mais simples. Elas ficam como que negativamente condicionadas, envolvidas pelo medo, quando tudo não passa, ante às circunstâncias, de receios imaginários. Receios, que precisam ser enfrentados, vencidos.

Além disso ninguém está predestinado a sofrer do complexo de inferioridade, a tremer de medo imaginário, a ter insucessos, a não lutar pelo que deseja, a não perseguir suas metas de vida. Absolutamente. Deus nos criou para superar todo e qualquer empecilho, a descomplicar toda e qualquer dificuldade, a desenrolar toda e qualquer situação embaraçada ou embaraçosa.

Existem as situações provacionais? Claro que sim. As provações da vida terrena atingem a todos, se bem que de formas diversificadas, porque todos nós somos espíritos reencarnados comprometidos com as leis divinas. Assim, uns provam mais, outros provam menos. Mas, todos devem progredir; o objetivo da reencarnação é progredir.

Entretanto, todos somos dotados de inteligência, com a qual devemos buscar os meios de suavizar ou lenir - tornar menos pesado o fardo das nossas provas. Deus nos concede esse direito. A propósito, seu filho mais velho Jesus de Nazaré, ressaltando os efeitos eficazes da fé, bem assim dos reajustes das nossas faltas, ensina no *Evangelho* que o seu fardo é leve e seu jugo é suave.

E para aqueles que, sentados e de braços cruzados, esperam que Deus lhes ponha tudo às mãos, sem o menor esforço, e resolva todos os seus problemas, Jesus é enfático: "Ajuda-te a ti mesmo, que o céu te ajudará". Mas, primeiro faça a sua parte.

Veja-se o condicionamento da frase evangélica: Deus ajuda aos que se ajudam.

Essa lição de Jesus é de uma beleza espiritual incomparável. É como se ele dissesse: acorda, amigo, levanta-te e anda, vai ao encontro do melhor que a vida possa te oferecer. Faz a tua parte, que Deus abrirá os teus caminhos.

Há embaraços, tropeços, pedregulhos, pedras e outros tipos de dificuldades pela frente? São dificuldades reais ou imaginárias, criadas pelos seus complexos de inferioridade? Seja o que for, "se tens fé, nada te será impossível". É o que diz o *Evangelho* de Mateus.

Como bem o diz também, Émerson, no subtítulo deste capítulo: "Somente vence aquele que acredita vencer".

O complexo de inferioridade complica e infelicita a vida de qualquer criatura. Não deve ser visto como coisa banal. Não. Deve ser visto como coisa séria, que precisa de tratamento pela verdadeira fé. Primeiro a fé, firme confiança em Deus; segundo, confiança em si mesmo.

Quem tem confiança no Poder Maior, tem confiança em si mesmo, em sua capacidade, em seus poderes e forças, para demolir as barreiras interiores dos complexos de inferioridade.

A decadência e queda de muitos homens, tanto no aspecto moral e intelectual, quanto no aspecto de aquisições materiais, em seu sentido mais amplo, devem-se, muitas vezes, aos seus complexos de inferioridade não superados.

É preciso refletir bem sobre esse nível de realidade humana.

CAPÍTULO DOIS

SUPERE SEUS COMPLEXOS DE INFERIORIDADE – II

SUPERE SEUS COMPLEXOS DE INFERIORIDADE – II

Poderei fazer tudo com a ajuda de Cristo.
Ele me dará forças.
Paulo

PAULO DE TARSO, CONHECIDO nos tempos do cristianismo primitivo como o apóstolo defensor dos gentios, em sua epístola aos filipenses - 4:13 -, profere a frase acima.

Provavelmente, por informações de terceiros, o apóstolo sentiu que os seus companheiros de labuta evangélica, residentes na cidade de Filipos, manifestavam fraqueza na fé.

Ele conheceu que as estruturas do trabalho estavam comprometidas. Porque, onde falta a fé, a confiança, a segurança, a firmeza, tudo poderá ir de água abaixo, como diz a expressão nordestina.

E para evitar que esse mal se tornasse uma espécie de praga ou epidemia, ele tomou logo as providências de remeter a Carta, a fim de reacender o fogo da fé e conservá-lo sempre aceso no espírito dos colegas de crença.

É possível que por trás do desânimo dos trabalhadores filipenses, estivesse um monstro em forma de complexos de inferioridade e de inaptidão para darem prosseguimento à obra naquela região distante da Judeia.

Diante da situação, Paulo foi direto: "Poderei fazer tudo com a ajuda de Cristo. Ele me dará forças". Como quem diz: se com a minha confiança em Jesus, serei capaz de fazer tudo, porque ele me dará forças, por que com vocês, tendo fé, não acontecerá a mesma coisa?

Ora, ninguém melhor que Paulo poderia se apresentar como exemplo, não somente para os irmãos de Filipos, mas também para as demais comunidades cristãs da época.

Paulo era o autêntico guerreiro do *Evangelho*, cuja espada era a fé.

Não devemos esquecer que Paulo de Tarso, antes de se tornar cristão, foi inimigo do cristianismo e carrasco dos cristãos. Esse passado, cuja fama ficou registrada na História, marcou a personalidade dele, por um bom tempo. Ficou o complexo de perseguidor.

Há de se convir, no entanto, que uma imagem negativa não se apaga num passe de mágica. E o próprio complexado tem consciência do mal. Mas Paulo, em nenhum momento, se deixou abater. O complexo fazia parte do homem velho, que ainda rugia dentro dele. Porém, ao mesmo tempo, nascia o homem novo, a serviço do bem e da verdade.

O complexo de perseguidor dos cristãos poderia ter sido para o apóstolo uma barreira interior, um desestímulo, uma falta de motivação ou qualquer outro obstáculo em forma de pensamento negativo, para ele desistir da gigantesca missão que o próprio Cristo lhe confiara.

Não podemos imaginar a luta que Paulo travou consigo mesmo, para triunfar sobre os complexos. De um lado, ele tinha os antigos colegas do judaísmo para acusá-lo de infame traidor; do outro lado, alguns colegas do cristianismo que, por incompreensão, ainda o acusavam de carrasco dos seguidores do Cristo.

Contudo, o corajoso advogado dos gentios sobreviveu a todas essas acusações, usando a fé como escudo e arma de combate. Resistiu a tudo.

De espírito impregnado de autoconfiança, acreditou que triunfava. Não se entregou ao inimigo chamado complexo. Combateu-o de frente com as suas próprias forças, sempre realimentadas pelo Cristo.

Tomando o apóstolo Paulo de Tarso como modelo, vemos que ele não se deixou vencer pelos complexos de perseguidor. Até fez dos complexos degraus de subida.

É interessante notar que, por incrível que nos pareça, muitas pessoas portadoras de complexos de inferioridade, às vezes tomam certas atitudes, algumas até rudes ou rígidas, não por maldade, mas impulsionadas, inconscientemente, pelos complexos de inferioridade, que ainda não conseguiram dominar.

Todos nós já tivemos oportunidade de tirar essa conclusão, não somente nos meios familiares, mas também nos ambientes de trabalho religioso e profissional. Isto significa dizer, portanto, que todos nós, de alguma forma, somos movidos a complexos de inferioridade.

Parece que essa sensação, por enquanto, é própria da personalidade humana.

Não é difícil perceber que as causas dos complexos variam muito, de pessoa para pessoa. Geralmente os complexos nascem de emoções muito fortes, de golpes violentos que sofremos na infância. São também, às vezes, consequências de males que fizemos a nós mesmos, ou que nos fizeram em forma de perseguições, abandonos, agressões físicas ou verbais, de humilhações que abalaram a nossa reputação, a nossa honra, etc.

Esses males podem também ter suas raízes em encarnações passadas, refletindo em nosso presente.

São males que, vez ou outra, reaparecem em nossa tela psíquica em forma de fantasmas de um passado que criou feridas em nossa personalidade, feridas que o tempo ainda não cicatrizou. Porém, é sempre recomendável recorrer aos conceitos evangélicos para curar essas feridas da alma.

Não devemos esquecer que os complexos de inferioridade inibem e quebram as forças internas da nossa alma. É assim, por exemplo, que passamos a sentir uma força contrária de deficiência, de inércia, de inaptidão, de derrota. Precisamos utilizar os poderes superiores da nossa alma, poderes antagônicos aos complexos e disciplinar estes com educação, coragem e muita paciência.

Sabe-se que complexo de inferioridade gera

medo. O indivíduo se sente incapaz e cria um ambiente psicológico de receio, que gera bloqueio e, assim, antes de dar o primeiro passo para chegar ao que deseja, sente calafrios e outras emoções inibidoras. A regra para disciplinar esse fantasma consiste em você mudar sua maneira de pensar em relação ao que lhe dá medo, considerando-o normal, ao mesmo tempo em que se dispõe a enfrentar tudo aquilo que lhe dá medo, que este logo desaparecerá.

Caso essa regra simples não surta seus efeitos, não custa nada o portador de complexos recorrer a prece e ao *Evangelho*, como terapia.

O evangelista Mateus registra o aconselhamento de Jesus: "De acordo com a tua fé é que receberás".

Não temos a menor dúvida de que a prece fervorosa, aquela que brota do coração, enche a nossa alma de confiança em nós mesmos. Envolvidos por essa força divina, seremos capazes de realizar grandes coisas.

Ainda é Jesus quem ensina: "Se tiverdes fé do tamanho de um grão de mostarda, sereis capazes de transportar montanhas".

Com essa fé, os nossos complexos serão vencidos, para sempre. Com certeza.

CAPÍTULO TRÊS

NÃO SE DEIXE ABATER PELO DESÂNIMO

NÃO SE DEIXE ABATER PELO DESÂNIMO

O homem começa a morrer quando perde o entusiasmo.

Balzac

TUDO NA VIDA DEPENDE literalmente, da nossa maneira de pensar. Tudo aquilo que fixamos no juízo, aquilo é ou passará a ser com o tempo.

Há pessoas que facilmente se deixam influenciar por filosofias desencorajadoras. Parece que se deliciam com os pensamentos negativos de derrotismo. E sem se aperceberem, pouco a pouco, vão a eles se escravizando. São pessoas muito pessimistas. Não têm a menor confiança em si mesmas.

Isso não é normal. E o que mais nos surpreende é que cerca de oitenta e cinco por cento das pessoas são assim.

Conheci um motorista de táxi que era um baú de pessimismo. Alegava ser um azarado em tudo. Nada em sua vida dava certo. E por causa disso andava muito perturbado e alegava não ter religião. Confidenciou que quando estava muito perturbado, duvidava da existência de Deus.

O seu problema não era propriamente financeiro, mas de derrotismo, de falta de confiança em si mesmo. Agitava-se, aborrecia-se com coisas banais. Demonstrava pouco entusiasmo pela vida. Perturbado, perturbava a família.

Ao final da corrida perguntei-lhe se conhecia o espiritismo. Ele disse que não, mas tinha vontade de assistir a algumas sessões doutrinárias, até mesmo por curiosidade.

Reforcei o seu desejo e sugeri-lhe que adquirisse *O Livro dos Espíritos* e fizesse boa leitura. Isto feito, que experimentasse datilografar uma pergunta e respectiva resposta do mesmo livro, sempre em sequência, e pusesse no tabelier do carro, lesse e meditasse. Isto, diariamente, até se tornar um hábito. Após esse aconselhamento, dei-lhe meu telefone.

Dois meses depois, aproximadamente, para minha surpresa, ele me ligou e contou com certo entusiasmo os efeitos benéficos da leitura meditativa daquela obra básica do espiritismo.

No mesmo período cuidou em frequentar um centro espírita, ele e a esposa, e quase tudo em sua vida sofreu uma reforma considerável, notadamente no aspecto espiritual. Os problemas em geral não desapareceram todos, mas, agora, estava com o espírito mais equilibrado para administrá-los.

O mais importante, porém, foi golpear o desânimo. Com a leitura meditativa e com as reuniões espíritas, apesar de tão pouco tempo, já se sentia outra pessoa, mais otimista, mais segura, mais confiante.

O taxista, que se achava em início de desespero, passou a se encontrar. Encaixou-se bem nesta bela frase: "para quem tudo perdeu, ainda resta Deus".

Com certeza, há muitos taxistas da vida na mesma situação, precisando da terapia que nos concedem as casas espíritas, com a assimilação de *O Livro dos Espíritos* e *O Evangelho segundo o Espiritismo*.

E por falar em quem tudo perdeu, veio-nos à lembrança um caso narrado pelo pastor e escritor norte-americano, Nornan Vincent Peale, em seu livro *O poder do pensamento positivo*.

Vamos aos fatos.

Conta o pastor que certa vez foi procurado por um cidadão de 52 anos de idade, que se declarava completamente derrotado em todos os sentidos, pois nada lhe restava em termos de ânimo, de estímulo para continuar vivendo. Sua empresa havia falido e ele estava liquidado em termos financeiros. Não via a menor possibilidade de se recuperar. Lamentava-se: "Perdi tudo. Não há mais esperanças e estou muito velho para recomeçar a vida. Perdi toda a fé em mim".

Abrindo um breve parêntese, diríamos que aquele cidadão precisava saber que há muitas coisas na vida que perdemos e que elas não voltam mais. E lamentações não trazem as coisas perdidas de volta. Porém, existe a possibilidade de recomeçar sempre. Recordamos, por oportuno, este pensamento de autor desconhecido: "São irrecuperáveis e, portanto, não merecem ser lamentados: o leite derramado, a palavra dita, a pancada dada, a flecha atirada e a oportunidade perdida". Jamais vimos tanta sabedoria em tão poucas palavras.

Fechemos o parêntese e continuemos com o relato.

O pastor, homem religioso, teve piedade daquele homem falido e sem esperanças de recomeço. Perguntou-lhe se realmente havia perdido tudo. Respondeu confirmando com lágrimas nos olhos. Mas tem certeza de que não lhe resta nada? - Sim, respondeu o liquidado.

O pastor insistiu: Sua esposa ainda está com o senhor? - Está, sim. Faz trinta anos que estamos casados. É uma mulher extraordinária. Creio que ela jamais me abandonaria, por mais grave que fosse a situação.

O pastou voltou a perguntar se o homem tinha

filhos. Ele respondeu que tinha três filhos exemplares. São criaturas adoráveis. Estudiosos, obedientes, carinhosos. Também não me abandonariam.

O pastor voltou a perguntar se o homem tinha amigos. Respondeu que sim. Acrescentou que tinha bons amigos que vieram lhe visitar e se colocaram à disposição para ajudá-lo. E replicou: mas que podem fazer? Não podem fazer nada, respondeu ainda destilando derrota e desespero.

E que o senhor me diz da sua integridade moral? A essa pergunta do pastor, o derrotado respondeu que nada havia contra sua integridade de caráter. Possuía a consciência tranquila.

A saúde, como vai? Gozo de boa saúde física e psíquica. E que acha da sua terra natal, os Estados Unidos? - Ótimo País para se viver, respondeu.

O pastor fez a última pergunta: o senhor crê em Deus e admite que Ele o ajudará a sair dessa situação, desse deplorável estado de espírito? - SIM, claro. "Não creio que teria suportado tudo isso se não tivesse alguma ajuda de Deus".

O pastor, habilmente, chamou o cidadão que se julgava completamente derrotado, porque havia perdido tudo, e o convidou a fazer anotação dos bens que ainda lhe restava:

1) Casados há trinta anos, tinha uma esposa maravilhosa. 2) Três filhos obedientes que o amavam e jamais o abandonariam. 3) Bons amigos que desejavam ajudá-lo. 4) Possuía ilibada integridade moral. Nada fez que o envergonhasse. 5) Excelente saúde. 6) Vivia no país dos seus sonhos. 7) Tinha fé em Deus.

O pastor encerrou: o senhor, agora, acha que perdeu tudo? A quem pertencem esses bens? - São meus, respondeu o suposto derrotado, sorrindo meio envergonhado.

O homem derrotado mentalizou que perdeu tudo, mas o que lhe restou era mais valioso que os bens materiais que ele almejava recuperar. Diz o pastor que o cidadão passou a ter mais confiança em si mesmo. Pessimismo, derrotismo, lamentações e desânimo foram superados.

O homem se reencontrou, embora estivesse esquecido que o desânimo é o veneno da alma.

É uma lição de vida.

É também uma lição de vida para as pessoas que, embora idosas, desejam que o tempo traga de volta a sua juventude, a fim de viverem com mais entusiasmo e otimismo. Pensam assim porque acham que entusiasmo e otimismo são próprios dessa etapa de ouro da vida. Sabe-se há muitos jovens que se sentem velhos e sem sonhos e muitos velhos que pensam, sentem e vivem como jovens - e até que são sonhadores. Por quê? Porque juventude e velhice são estado de espírito. Esquecem que a frieza de ânimo e a morte do entusiasmo envelhecem a alma, mesmo que essa alma possua um corpo jovem. Devem se lembrar que a alegria de viver é o elixir mágico que mantém a alma sempre jovem, e que o pessimismo, o desgosto pela vida, a morte do entusiasmo enfraquecem as forças do espírito, mesmo que este habite um corpo jovem.

Recordo, em boa hora, um texto que li há bastante tempo, mas que é atual pelo seu substancioso conteúdo terapêutico, que se chama "juventude", da autoria de frank crane, publicado na revista do pensamento, em sua edição de outubro de 1965. Passo a palavra ao autor:

> "A juventude não é uma época da vida, é um estado de espírito. Não é uma questão de faces rosadas, lábios encarnados e articulações flexíveis; é o domínio da vontade, é a imaginação sadia, é o vigor das emoções. É o frescor da eterna primavera da vida.
>
> Juventude significa o triunfo da coragem sobre a timidez, do afã de vencer sobre o amor ao ócio. Ninguém envelhece por ter vivido determinado número de anos. Só se envelhece quando se abandona os ideais. Os anos enrugam a pele, mas só o arrefecimento do entusiasmo enruga a alma.
>
> O mau humor, a dúvida, a desconfiança, o medo, são os males que representam os anos, abatendo o ânimo e conduzindo o Espírito às sombras. Tenha o homem dezesseis ou sessenta anos de idade, sempre

existe em seu coração o impulso para o maravilhoso, o assombro ante às estrelas, o desafio aos acontecimentos, o espírito de pesquisa, o anseio por um futuro venturoso e uma alegria de viver. Somos jovens se temos fé, mas velhos, se presas da inquietação.

A confiança que temos em nós mesmos é a nossa juventude; o temor é a velhice. Somos jovens se esperançosos, mas velhos, se nada esperamos do porvir. No centro dos nossos corações há uma grande árvore em florescência: é o amor. Enquanto há flores, o coração é jovem. Morra a árvore e velho se tornará o coração.

No centro dos nossos corações há uma estação radiotelegráfica. Enquanto ela intercepta mensagens de beleza, esperança, alegria, grandeza, valor, amor à Natureza e aos nossos semelhantes e ao Infinito, SOMOS JOVENS. Mas, se essa estação deixa de funcionar, o coração se cobre da neve do egoísmo e do gelo do pessimismo, e então estaremos em plena velhice, mesmo que tenhamos apenas vinte anos de idade. E, nesse caso, Deus tenha piedade de nós."

(Da Revista do Pensamento - outubro de 1965).

CAPÍTULO QUATRO

VOCÊ SE SENTE FRACASSADO?

VOCÊ SE SENTE FRACASSADO?

Jamais se sinta fracassado.
Flamínio

Conta-se que certa feita perguntaram a um sábio qual a maior derrota de um homem. Ele respondeu: "Sentir-se fracassado". Observe-se quanta sabedoria nessa resposta.

Foi a ideia negativa de fracasso que levou um jovem dono de casa a quase cometer o suicídio.

Todos nós sabemos que uma boa palavra auxilia sempre. O poder da palavra é muito grande. Uma frase, uma simples palavra pode nos levar ao fracasso ou ao êxito, tanto no aspecto moral, quanto no aspecto material. Basta fixá-la no subconsciente e, de vez em quando trazê-la de volta à consciência e degustá-la.

Quando se torna um hábito, chama-se mentalização.

O jovem era casado e possuía oito filhos. Desempregado, se esforçava para manter a família, mas só Deus sabe como. Apareceram outras dificuldades, entre elas o problema de doença em dois dos filhos. Agravou-se a situação.

Em meio a essa tempestade de problemas reais, ele passou a admitir a ideia de suicídio, justificando-se que todo fracassado não merece continuar vivendo. Fixou no juízo a ideia de que havia sido abandonado por Deus. Depois do suicídio, que a mulher e os filhos procurassem o apoio da família. Sentia-se um derrotado, na pior expressão do termo. Não havia outra saída senão se matar. E a ideia foi crescendo, tomando vulto cada vez maior.

Um belo dia, uma grande empresa havia terminado a construção de imenso salão comercial. Ocorre que na inauguração, com diretores, funcionários e demais pessoas presentes, o engenheiro precisava testar o sistema de som. E convidou para esse fim o chefe de obra, que pegou o microfone e pronunciou esta frase: "Confia em Jesus", por três vezes consecutivas. E a pronunciou alto e de bom som.

De repente, para surpresa de todos os presentes, penetrou o recinto um homem de semblante triste, amargurado, completamente transtornado. E indagou de uma forma desequilibrada: "Quem mandou confiar em Jesus?". Alguém do recinto apontou o chefe de obras, Sr. Belmiro, para quem o homem se dirigiu de braços abertos e agradeceu com lágrimas nos olhos, com um revólver à mão. Emocionado, relatou os motivos da sua iminente tragédia e declarou que estava nos fundos do salão, quando ouviu aquela frase que lhe salvou a vida, pois já estava com o dedo no gatilho para atirar no ouvido.

E acrescentou: "sim, confiarei em Jesus, confiarei em Jesus".

Ambos se abraçaram e o dono de casa desempregado foi encaminhado ao proprietário da empresa, que imediatamente lhe garantiu um emprego e o convidou a começar no dia seguinte. Este conto foi extraído do livro *A vida escreve*, da autoria do espírito Hilário Silva, pelos médiuns Chico Xavier e Waldo Vieira.

Como vemos, o homem mentalizou o fracasso, mentalizou o pensamento negativo que cresceu a ponto de quase cometer o suicídio. Aí está o perigo de alguém se sentir fracassado, uma vez que existe saída para todas as situações embaraçosas, para todos os problemas, por mais difíceis.

É uma lição para que aprendamos a substituir os pensamentos negativos pelos positivos. Os primeiros enfraquecem as forças da alma, já estes últimos fortalecem os poderes do espírito.

O poder da palavra é muito grande. Se fossemos mais prudentes, teríamos mais cuidado com a língua. A palavra é fogo, queima, incendeia os ambientes, cria antipatias e inimizades, provoca escândalos, calúnia, desonra, separação, intriga, etc.

Mantenha distância de quem não tem freio na língua.

E por falar nisso, veio-nos à lembrança dois tipos de indivíduos: os que pronunciam as palavras, para em seguida refletirem no que disseram; e os que pensam antes, para depois dizerem. Estes últimos são os sensatos. Os primeiros fazem parte do grupo A. Os últimos fazem parte do grupo B. Qual o seu grupo?

Como vai a sua língua?

É muito importante isto. Se alguém se sente fracassado, vencido, derrotado por alguma tentativa frustrada e por isso perdeu a confiança em si mesmo, em sua capacidade, em suas forças interiores, é bom indagar a si mesmo se vale a pena perder tempo e energia com a sensação do suposto fracasso. Segundo, as coisas só passam a ter valor quando a gente dá. Terceiro, será que lá no fundo da alma não existe ainda um resto de forças para começar tudo novamente? Não seria esse o segredo certo e o momento exato para eliminar o bicho fracasso?

Ora, se criarmos o mau hábito de mentalizar frequentemente as forças negativas que parecem estar contra nós, elas poderão se transformar em derrotas reais, se não pusermos contra elas os poderes soberanos das ideias positivas. Se não tivermos esse cuidado, elas passarão a ter um valor que, na verdade, não têm. Isto é muito lógico.

Há muita gente presa a esse tipo de cadeia sem grades. Precisa se libertar. Se não dispõe de energia suficiente para tal, os recursos serão encontrados nos *Evangelhos*, de mãos dadas com a prece sincera, emanada do coração. Daí, evidentemente, provêm a fé, a autoconfiança.

Folheando a obra *O poder do pensamento positivo* – já citada em capítulo anterior –, do escritor norte-americano Nornan Vincent Peale, hoje com residência fixa no mundo dos espíritos, achamos muito interessante, principalmente para aqueles que se sentem vencidos, estas palavras do autor:

"A sensação de confiança depende do tipo de pensamentos que habitualmente ocupa seu espírito. Pense no fracasso e pode estar certo de que se sentirá fracassado. Pratique, porém, pensamentos estimuladores, faça disso um hábito dominante e acabará desenvolvendo uma forte sensação de capacidade que o habilitará a vencer quaisquer dificuldades".

Exatamente. Porque o homem é o resultado daquilo que pensa. Desenvolve toda a sua vida sob a inspiração dos conceitos que incorporou em sua alma, como sendo verdadeiros ou falsos. Desses conceitos nasce a sua visão do mundo, das coisas e das pessoas. Visão falsa ou verdadeira, segundo o que pensa. Aquilo que pensa e sente, aquilo é ou será.

Peale, que reconhece que a sensação de confiança estimula e aumenta as nossas forças espirituais cita, para reforço do que diz, uma frase de Basil King: "Seja ousado, que forças poderosas virão em seu auxílio".

Ele se refere à ousadia no sentido das realizações das boas obras, em seu aspecto mais amplo.

CAPÍTULO CINCO

CULTIVE O TEMPERAMENTO BRANDO

CULTIVE O TEMPERAMENTO BRANDO

Bem-aventurados os brandos e pacíficos, porque herdarão a Terra e serão chamados filhos de Deus.
Jesus

Há pessoas que são naturalmente calmas, têm o temperamento brando. São pacíficas e, assim, são pacificadoras, naturalmente conselheiras. É progresso já realizado no espírito nesse lado do caráter. São tranquilas.

Outras, no entanto, são o oposto. São naturalmente agitadas, violentas, agressivas por tudo e por nada.

É bom lembrar que o temperamento agitado

constitui-se polo de atração aos espíritos semelhantes. Diria que são criaturas obsidiadas.

Enquanto as de temperamento brando conquistaram essa vitória em existências passadas e, hoje, as cultivam com naturalidade, as violentas ainda precisam iniciar esse trabalho de reforma. Com boa vontade e esforço próprio, conseguirão.

Conheci um cidadão que não conseguia controlar suas emoções. Era nervoso, explosivo. Para ele, nada era tudo. Era um vulcão. Certa feita, engajou-se em uma viagem de turismo, com rumo ao sul do País. De temperamento estourado, logo no primeiro dia se indispôs com o motorista; à noite, brigou com a esposa; no jantar, tratou mal aos garçons; mais tarde, esfregou o punho no rosto de um pedinte; ao deitar, telefonou para a portaria do hotel ordenando que trouxessem logo o cobertor, pois fazia muito frio.

Mas tudo isso, em tom de agressão.

Era um sujeito que achava que todo mundo lhe

devia obedecer. Se as coisas não acontecessem da forma que ele desejava, o mundo desabava.

É possível, no entanto, que alguma coisa, nesse meio, estivesse realmente errada, que desse motivo as suas explosões.

E desse modo, ficou conhecido no grupo como "o nervoso". Assim, ficou isolado dos demais e sem condição de se relacionar melhor, porque havia criado o bloqueio.

O homem, além de bem afortunado, era uma autoridade. Provavelmente, movido a complexos achava que todos deviam rastejar diante dele. Quando isso não ocorria manifestava sua indignação interior, através da cólera que, evidentemente, lhe fazia muito mal.

Um dos seus companheiros de viagem era espírita. Como tal, ao invés de censurá-lo, aproximou-se e ofertou-lhe *O Evangelho segundo o Espiritismo*, sugerindo que lesse o capítulo IX: "Bem-aventurados os brandos e pacíficos", notadamente o item 9, que aponta a cólera como força terrivelmente negativa da alma, capaz de prejudicar a nossa vida em todos os sentidos.

Senão, vejamos: "O orgulho vos induz a julgar-vos mais do que sois; a não suportardes uma comparação que vos possa rebaixar; a vos considerardes, ao contrário, tão acima dos vossos irmãos, quer em espírito, quer em posição social, quer mesmo em vantagens pessoais, que o menor paralelo vos irrita e aborrece. Que sucede então? – Entregai-vos à cólera".

O espírito protetor, complementando sua mensagem, diz: "se ponderasse que a cólera a nada remedeia, que lhe altera a saúde e compromete até a vida, reconheceria ser ele próprio a sua primeira vítima".

Certamente, o cidadão nervoso passou uma boa parte da noite lendo o *Evangelho*. No dia seguinte, durante o café da manhã, esteve presente com um sorriso nos lábios, semblante sereno, fato que causou surpresa aos demais companheiros.

Teve a humildade de pedir desculpas. Declarou que se sentiu muito bem com a leitura do *Evangelho* e leu para os companheiros o final da mensagem: "Em suma, a cólera não exclui certas qualidades do coração, mas impede se faça muito bem e pode levar à prática de muito mal. Isto deve bastar para induzir o homem a esforçar-se por dominar. O espírita, ao demais, é concitado a isso por outro motivo: o de que a cólera é contrária à caridade e à humildade cristãs".

Não se pode dizer que o cidadão neurastênico mudou radicalmente com apenas uma breve leitura de *O Evangelho segundo o Espiritismo*, como por um milagre. Isto não existe. Mas a mensagem o tocou profundamente. E o fez refletir. E o convenceu de que o temperamento irascível primeiramente a ele prejudicava, não apenas no aspecto da saúde do corpo, mas também no espiritual e na convivência com os seus semelhantes.

E por falar em convivência, agora, por oportuno, volto a lembrar o que já disse em meu livro *Liberte-se da ansiedade*. Certa feita perguntaram a um sábio, qual o mais grave problema do mundo, se a ciência - que constrói armas mortíferas para destruir a Humanidade - ou se a consciência. Ele então respondeu que o maior problema dos homens chama-se convivência.

Interessante, contudo, é que a partir daquele dia, aquele cidadão teve o encontro consigo mesmo. Tornou-se espírita? Não sabemos.

Mas acreditamos que tenha sentido a espiritualidade da mensagem, que tenha feito votos de melhora, que fez autoanálise e identificou os pontos negativos das suas palavras e atitudes, porque a mensagem o envolveu em um dos momentos de sua habitual crise de cólera.

O ambiente psicológico foi favorável à absorção da mensagem do *Evangelho*. A personalidade humana é muito complexa e, além disso, nós não sabemos o que se passa no interior das criaturas. Há pessoas que são explosivas, agressivas, mesmo diante de questiúnculas, mas, por outro lado, têm o coração generoso, a natureza boa, e quando aconselhadas, se mostram sensíveis a mudanças em sua maneira de ser.

Além do mais, devemos nos conscientizar de que, se nós somos capazes de fazer mudanças em nosso modo de pensar, sentir e agir, as demais criaturas também são. Basta querer. E querer é poder.

Acreditamos que aquele homem, alimentando sadios pensamentos no espírito, passou a ter mais domínio das suas emoções desequilibradas. Se ele tomava remédio para controlar os nervos, provavelmente, com o tempo, dispensou-os.

CAPÍTULO SEIS

MANTENHA O ESPÍRITO TRANQUILO

MANTENHA O ESPÍRITO TRANQUILO

A minha paz vos dou; a minha paz vos deixo.

Jesus

O HOMEM NERVOSO DO qual falamos no capítulo anterior, com certeza era totalmente desprovido de paz de espírito, fato que vem ocorrendo com a maioria das pessoas.

Não devemos esquecer que as perturbações espirituais sugam as nossas energias. Tiram o nosso sono, que é um dos principais alimentos do corpo e lubrificante da alma.

O "nervoso", como ficou conhecido, provavelmente desconhecendo as razões de ser assim, ou era portador de profundos traumas, que lhe geravam os complexos de inferioridade, ou, então, era assediado por criaturas invisíveis de baixo nível espiritual, no caso uma obsessão pesada ou, em última análise, portador de complexos e má influência espiritual. Quer dizer: ambas as causas, simultaneamente. Assim, qualquer que tenha sido a causa, o fato é que ele não desfrutava de tranquilidade, de paz interior.

A ausência de paz de espírito é um dos males da alma. Os males do corpo são bem menos, porém os do espírito são bem maiores. Precisamos, primeiramente, sanear o espírito com a verdadeira paz, se quisermos que o corpo permaneça sadio.

Nutrindo sempre a alma com mentalizações de saúde e bem-estar espiritual, estamos construindo a nossa paz interior, que independe de toda e qualquer aquisição de bens materiais. Quando Jesus saudou os discípulos com "a minha paz vos deixo, a minha paz vos dou", o mestre se referia à paz de uma consciência justa, limpa, serena, tranquila, resultante do dever cumprido, que brota de uma transformação interior, da renovação de uma alma consciente. Paulo, o apóstolo, em sua Epístola aos Romanos, entre outras coisas, diz: "...transforma-te, renovando teu espírito...".

É interessante pôr em relevo que a paz de espírito, a alma tranquila, mansa, não se consegue à custa de dinheiro, nem muito menos com remédios de farmácia. Não. Consegue-se com esta frase: mude sua maneira de pensar, sentir e agir, que sua alma se transformará e você viverá feliz. Essa é a receita.

Uma outra regra para se conseguir tranquilidade espiritual, consiste em o indivíduo atribulado {e desejoso de se melhorar} realizar periodicamente o "esvaziamento da alma", muito recomendado pelos psicólogos.

Através dessa "catarse psíquica", em que a criatura neurastênica, conversando amistosamente com uma pessoa conselheira, amiga, de sua confiança, regurgita {expele} do seu interior o remorso, o medo, a culpa, o ressentimento, o ódio, a insegurança, os complexos de inferioridade, as inibições, as frustrações e tantos outros azedumes, como se fossem fantasmas adormecidos e prontos para ressuscitarem.

As pessoas, em sua maioria, têm essa necessidade. Através desse método, a alma esvazia os excrementos dos pensamentos negativos, das angústias, das tristezas, das amarguras, das ideias azedas, dos sentimentos ácidos. Após o esvaziamento, a alma se sente mais leve, mais aliviada de culpas e pesares.

E devemos esquecer os aborrecimentos que vão ficando para trás. A propósito, recordo agora uma frase do sábio espírito Emmanuel: "Recordar um passado infeliz é magoar velhas feridas".

Embora as pessoas que julgamos ser nossas amigas de confiança, em sua maioria só guardem os nossos segredos enquanto estão de bem conosco, todos nós precisamos de alguém de juízo, sensata, discreta, para esvaziar o nosso interior, através do desabafo.

Todavia, se você não tiver com quem desabafar, abra o seu coração e converse com Deus, através da prece. Esvazie o seu baú interior com o Pai e experimente o bem-estar espiritual que lhe advirá, inevitavelmente. Isso é o que os psicanalistas designam de catarse da alma, ou esvaziamento do espírito, como já dissemos acima.

O método da chamada catarse psíquica também consiste em o indivíduo substituir as ideias-pensamentos, as ideias-imagens negativas que nos atormentam, por outras positivas, para preenchimento do espaço interior da alma. É o que os analistas chamam de substituição de ideias negativas por positivas.

É provável que o homem nervoso, figura neurastênica, a que fizemos alusão no capítulo anterior, tivesse recebido orientação do seu psicanalista para regurgitar sobre as pessoas o seu azedume interior, reflexos dos seus traumas, frustrações e complexos de inferioridade.

Os psicólogos costumam fazer tal recomendação, claro, como terapia, para aliviar as tensões nervosas do paciente. Só que esse método de intoxicar as criaturas com o veneno das nossas emoções desequilibradas, não vem funcionando, porque logo após os desabafos, a mesma carga negativa volta mais intensa, surtindo efeitos mais graves.

Pode ser também que o indivíduo esteja governado por um espírito perseguidor, que tenha manifesto interesse em destruí-lo, através de contínuos desgastes dos comandos centrais das emoções.

Nesse caso, a prece é o melhor remédio.

Os pensamentos negativos que se instalam em nossa alma, quando são apenas substituídos {e não educados} costumam voltar e, desta feita, mais vigorosos, determinantes, autoritários, dominadores, mais possessivos.

E quando são educados e, ao mesmo tempo substituídos pelos positivos, se porventura retornarem, encontrarão as portas da mente fechadas. Quer venham tais pensamentos da nossa própria alma, que ainda é imperfeita, quer venham de espíritos inimigos, demonstremos que não temos mais atração por eles. Demonstremos através de pensamentos, sentimentos e ações contrárias a eles.

E assim, afinal, passaremos a ter tranquilidade de espírito. Porque os nossos pensamentos, agora, são novos e sadios.

É bom lembrar que a leitura e a meditação de uma página espírita renovam as nossas forças espirituais.

Se encontrarmos na leitura as palavras "tranquilidade" e "serenidade", aprendamos a mentalizá-las com todo o vigor da nossa alma: toda a minha alma está saturada de tranquilidade. Todo o meu espírito está saturado de serenidade. Eu sou sereno. Eu sou tranquilo.

Essas palavras simples são a terapia para as nossas emoções desgovernadas. Os efeitos sentiremos à proporção que elas forem se incorporando ao nosso hábito de pensar.

É desse modo que pouco a pouco iremos nos tornando uma pessoa calma, equilibrada. Isto mesmo! Deixemo-nos adormecer nos braços leves da serenidade. Isto não quer dizer, no entanto, que as dificuldades e problemas deixem de existir. Não. Mas, embalados nesse suave estado de espírito tranquilo, saberemos administrar os problemas e até solucioná-los sem as agitações e violências de uma alma atribulada.

Para finalizar, veio-nos à lembrança o conselho de um sábio: "Não deixes que coisa alguma te perturbe e atemorize. Tudo passa, exceto Deus, que permanece por toda a eternidade".

Cultivemos, pois, a serenidade.

CAPÍTULO SETE

RENOVE SEU ESPÍRITO COM A PRÁTICA DO SILÊNCIO

RENOVE SEU ESPÍRITO COM A PRÁTICA DO SILÊNCIO

Não seria o silêncio o paraíso bíblico?
Émille Sherry

Os famosos psicólogos são unânimes em afirmar que todo indivíduo que periodicamente se isola das suas atividades profissionais e se refugia no silêncio, desfruta de mais saúde na alma e no corpo.

Outro competente psicanalista, Starr Daily, chegou a dizer que homens e mulheres de suas relações, que cultivaram a arte de praticar o silêncio, como terapia, não ficaram doentes nem manifestaram distúrbios emocionais.

Parece que as melhores inspirações surgem,

como por encanto, no isolamento do silêncio. A alma se desprende naturalmente, sem o menor esforço, sem o mínimo constrangimento. A descontração nos conduz a esse confortável estado de espírito.

Segundo aconselhamento dos psicanalistas seria de bom proveito para a alma e para o corpo, que as pessoas criassem o hábito salutar de, a cada vinte e quatro horas, exercitar a arte do silêncio por um período mínimo de quinze minutos, para o reabastecimento das baterias psíquicas.

A recomendação é que no exercício não se deve conversar, nem ler, nem escrever. Deve-se neutralizar os campos de percepções da alma. Deve-se imaginar inativo. Deve-se desligar as tomadas do pensamento do mundo exterior. Daí provém o natural relax, a descontração.

Se no início do exercício for difícil, não desistir. Deve-se perseverar, que depois se tornará fácil, porque a repetição de toda prática tornar-se-á um hábito.

Esse conselho dos médicos da alma nos leva

à mentalização de uma sugestão prática: que tal, voando nas asas da imaginação, nos vermos sentados debaixo de uma árvore com a visão concentrada na imensidão das águas silenciosas e sem ondulações, de um lago?

Que tal, desfrutar no reino encantado da imaginação, do agradável silêncio das montanhas, das planícies e das densas florestas?

Que tal, imaginarmos a árvore mais alta da floresta amazônica e, no topo dela construirmos pequena habitação, onde possamos instalar as coisas da nossa comodidade e, do local, desfrutarmos da harmonia da mãe Natureza? Que tal, limparmos a vista com as nuvens bailando no firmamento e com o verde das árvores, e aguçarmos os ouvidos para escutar o canto das aves e sentirmos o cheiro próprio da floresta?

Essa terapia é benéfica. Relaxa os nervos, sem comprimidos.

De acordo com os estudiosos do comportamento do homem moderno, é possível que a falta de paz interior seja motivada, em parte, pelos barulhos e ruídos estridentes das grandes cidades: carros e motos altamente acelerados, buzinando em trânsitos engarrafados, carros de sons altos nas épocas de campanhas políticas em pequenas cidades do interior e tantas outras coisas que deixam o nosso sistema nervoso à flor da pele, como se diz na linguagem popular.

Quer dizer: a vida moderna tem as suas vantagens, mas também e num grau mais elevado, tem as suas desvantagens.

Desse modo, a conclusão dos analistas da alma é que, de modo geral, notadamente as criaturas que residem próximo aos aeroportos, se tornam também neuróticas por causa dos barulhos, barulhos e ruídos que são registrados, sem querer, pelo subconsciente assim que elas ficam mais agitadas, fato que impede se consiga um repouso completo.

Daí, pois, a necessidade de as pessoas, principalmente as das grandes cidades, adotarem o hábito dos quinze minutos diário de isolamento e silêncio. É terapia de suma importância.

Poderíamos até sugerir que esse espaço tempo fosse ocupado com meditações (ou preces) sobre passagens do *Evangelho*.

Quem não deseja ter uma qualidade de vida emocional melhor? Essa aspiração é normal em todos os seres humanos.

Esse desejo somente poderá ser realizado através de mentalizações de pensamentos sadios, adotando-se o exercício da autoafirmação. Por esse método simples, a nossa alma se disciplina, se reorganiza, se educa.

Devemos convir, portanto, que as disciplinas que aplicarmos a um cão, poderemos adotá-las em nosso próprio espírito, que pela autoafirmação, estará pronto a obedecer. Exercitando constantemente esse método prático, conseguiremos grandes realizações dentro e fora de nós.

Ora, quando Jesus ensinava "vós sois deuses" (João, 10:34), não estaria ele querendo dizer que através das mentalizações dos pensamentos sadios, conseguiríamos remover as montanhas das dificuldades interiores da nossa alma? Não queria o mestre dizer que todos nós possuímos as sementes da perfeição, ou seja, dos puros espíritos e, assim, temos condições de realizar prodígios? É possível!

E se tivermos fé do tamanho de um grão de mostarda, como Jesus bem nos lembra em seu *Evangelho*? E se soubermos trabalhar com esse pequeno grão de mostarda, no campo fértil da alma, que grandes reformas morais não poderemos realizar?

Ao penetrarmos no paraíso do silêncio, não seria de bom proveito saturar a alma de pensamentos e propostas elevados? É assim que se instala uma fonte geradora da mais pura energia espiritual.

Não esqueçamos o grande exemplo que Jesus no legou. Os evangelistas dão-nos informações de que o mestre, vez ou outra, se ausentava e buscava o silêncio da noite nos arredores de Jerusalém, a fim de contemplar as estrelas e entrar em relação mais direta com o Pai Celestial.

Às vezes, também se ausentava na companhia

de alguns discípulos, entre eles Pedro e os irmãos Tiago Maior e João e se encaminhavam ao Monte Tabor e ali permaneciam. Desfrutando da quietude do entardecer, conversavam. E Jesus, notadamente, dialogou, uma das vezes, com os espíritos dos mortos, os profetas Moisés e Elias. Esse fato está escrito no *Evangelho*. E a Bíblia não diz que foram os demônios.

Aprendamos, portanto, a valorizar o silêncio.

CAPÍTULO OITO

NÃO SE DESGASTE SEM NECESSIDADE

NÃO SE DESGASTE SEM NECESSIDADE

O desperdício de energia enfraquece as forças da alma e do corpo.
Jean de La Fontaine

Vivemos mergulhados num mundo de contrastes, em que se desencontram e ao mesmo tempo se reencontram o verso e anverso, o branco e o preto, o vermelho e o azul, o seco e o molhado, o ferro e o ouro, o grande e o pequeno, o forte e o fraco, o verdadeiro e o falso, o rico e o pobre, o sábio e o ignorante, o relativo e o absoluto.

Do mesmo modo o bem e o mal, o belo e o feio, o feminino e o masculino, o joio e o trigo, o limitado e o ilimitado, o crente e o ateu, o espiritualista e o materialista, a matéria e o espírito, o baixo e o alto, o amoroso e o odiento, o vingativo e o que perdoa, a noite e o dia, o escuro e o claro, a alegria e a tristeza, o nascimento e a morte, o positivo e o negativo e assim segue quase ao infinito.

Esse raciocínio levava Heráclito, o sábio da antiga Grécia, a dizer que as forças contrárias mantêm o equilíbrio da Natureza.

Claro que ninguém ousará perguntar a Deus por que as coisas são assim, que ELE não responderá. No entanto, são e continuarão sendo, evidentemente.

Com base nessa premissa, queremos chegar a uma conclusão. É que, enquanto por um lado, há pessoas que se preocupam com tudo e até se desgastam emocionalmente com as pequenas coisas, embora elas não surtam resultados satisfatórios, outras criaturas há, por outro lado, que se cansam e se desgastam pura e simplesmente porque não se interessam por coisa alguma. Com fins meramente didáticos, as primeiras poderiam ser enquadradas no grupo "A" e as segundas no grupo "B".

As do segundo grupo são indivíduos indiferentes a tudo que se passa ao seu redor. Nada os golpeia com profundidade. Parece até que vivem permanentemente anestesiados pelo egoísmo, ou que seu corpo vive na Terra e seu espírito em outra galáxia bem distante.

Queríamos chegar exatamente a esse contraste. Parece mesmo que os indiferentes não se ligam à coisa alguma, com exceção apenas das coisas e atribuições do seu próprio interesse, em forma de desejos, ressentimentos, decepções, prazeres não realizados, inveja, ciúme, ambição e tantas outras coisas.

Parece até que essas criaturas são autistas (indivíduos interiorizados). E mentalizando as ocorrências sem importância, terminam se encurralando num beco sem saída, gastando suas energias, remoendo acontecimentos do passado. Entram, inevitavelmente, em processo de fadiga e muitas vezes adoecem. E se tornam depressivas.

Como vemos, estamos diante de duas situações radicalmente opostas: aqueles do grupo "A" que se preocupam exageradamente com tudo e os do grupo "B", radicalmente indiferentes a tudo que se refere aos semelhantes e, no entanto, ambos se desgastam da mesma forma. Ora, nem tanto ao mar, nem tanto à terra, como diz a boa filosofia. As pessoas de comportamentos tão opostos precisam encontrar o meio termo das coisas, para evitarem desgastes desnecessários de energias.

Parece que pessoas assim, de comportamentos tão contrários, não são normais. Parecem ser vítimas de traumas profundos.

Que falta faz nesses casos a leitura de *O Evangelho segundo o Espiritismo* ou de *O Livro dos Espíritos*!!!

A indiferença das criaturas do grupo "B" não pode ser concebida como virtude. Não. Essa anormalidade não pode ser justificada, alegando-se a necessidade de manutenção do equilíbrio das energias. O equilíbrio das forças espirituais está no pensamento firme, seguro, decidido, mas sempre voltado para o próximo. Essa base de equilíbrio da personalidade encontraremos na leitura das obras acima, de Allan Kardec.

Não devemos esquecer, pois, que o pensamento é força criadora, em todos os sentidos.

Para ilustrar, lembro-me de uma história verdadeira que ocorreu com um jogador de futebol. O seu time era fraco em relação ao adversário. Desanimados por esse fato, seus companheiros se sentiram intimidados. Mas ele levou no bolso do calção uns pedaços de papéis com algo escrito e, ao entrar em campo, entregou a cada companheiro um papel que dizia assim: "Mas aqueles que servem ao Senhor devem renovar suas forças; deverão subir com asas como as águias; deverão correr e não se sentir cansados e haverão de andar e não desfalecerão".

O jogador anotou essa frase do profeta Isaías, capítulo 40:31. Ora, para nós a frase nada tem a ver com o futebol, mas para ele e os colegas ela tinha profundo significado e surtiu efeito hipnótico.

Com a frase no juízo, o time jogou altamente acelerado e venceu o adversário. Acreditamos mesmo que toda vez que os jogadores se sentiam intimidados e enfraquecidos, a frase acelerava o pensamento e o pensamento acelerava as energias dos jogadores.

Como vemos, o pensamento é gerador de energia.

Essa é a fé humana, a fé que Kardec tão bem descreve em *O Evangelho segundo o Espiritismo*, é a fé que transporta montanhas.

Cremos que quando o indivíduo deixa-se saturar pelos fluidos benéficos da verdadeira fé, que remove as montanhas das suas dificuldades interiores, está capacitado a economizar energias psíquicas, mantendo-se sempre em boa postura de equilíbrio. É que seu pensamento, bem estruturado nas boas ideias, se transforma em uma usina geradora de grande potencial de energia.

Outro fator gerador de energia é a religião. Observamos que as pessoas dedicadas à sua religião são modelos de energia acumulada. Não desperdiçam suas energias com coisas desnecessárias. Ao invés de se preocuparem excessivamente com determinados problemas, elas simplesmente se ocupam com eles, procurando resolvê-los com equilíbrio. Sabem trocar "preocupações por ocupações". Isto é uma arte.

Criaturas assim não se deixam envolver pelas malhas da ansiedade doentia, que é a mãe da depressão.

Toda pessoa esclarecida sabe que não é o trabalho em si mesmo que desgasta as nossas energias, porque estas podem ser recuperadas pelo sono. O desgaste se dá pelos distúrbios emocionais, pelas preocupações descabidas.

E as pessoas religiosas, de boa qualidade de vida espiritual, que alimentam pensamentos sadios, que são metódicas, estão livres dos desperdícios de energia. Estão vacinadas dos males da ansiedade patológica e da depressão.

Expomos aqui mais duas causas geradoras de desgastes de energia emocional. Referimo-nos ao medo e ao sentimento de culpa. São dois cruéis inquisidores da alma. Enquanto a vítima desses males não fizer a terapia correta, não extrair esses tumores pela raiz, não encontrará sossego de espírito.

O remorso é um sentimento desgastante, arrasador, mesmo.

O pastor norte-americano, Norman Vincent Peale, autor da obra *O poder do pensamento positivo*, da qual já falamos em capítulo anterior, narra um caso interessante.

Trata-se de um cidadão muito sério e íntegro, que se envolveu com uma senhora casada. Devido ao seu bom conceito social, ele tinha medo que a sociedade viesse a descobrir e, ao mesmo tempo, se sentia culpado, fato que o levou a tentar o rompimento diversas vezes, o que não era aprovado pela sua amante, que o ameaçava alegando que diria ao marido.

Diante dessa situação, não demorou muito vir

o desperdício de energia emocional. Ficava fatigado, aborrecido, irritado, agressivo, não dormia e estava disposto a renunciar ao próprio trabalho. Estava à beira de uma prostração nervosa.

Nessa situação, procurou o psiquiatra, que lhe passou diversos comprimidos para dormir. Foi inútil. O problema continuava.

O psiquiatra o recomendou ao pastor Vincent Peale, que logo na primeira conversa perguntou ao cidadão: como pode o senhor dormir se tem dois companheiros de cama "muito aborrecidos e desagradáveis?".

O homem se surpreendeu e contra perguntou quem são eles? - O medo e o sentimento de culpa, respondeu o pastor. E acrescentou que ninguém consegue conciliar o sono entre dois companheiros tão incômodos, mesmo tomando os mais fortes comprimidos, porque o problema está na raiz da alma.

A solução indicada pelo pastor foi que abandonasse os comprimidos e enfrentasse a situação, renunciando ao relacionamento que estava lhe fazendo mal. Que renunciasse e enfrentasse toda e qualquer consequência, que o temor e a culpa desapareceriam. Se não tivesse forças suficientes para o rompimento, que fizesse preces a Deus, que sem dúvida o ajudaria a solucionar o problema e voltaria ao seu bom estado de espírito.

Isso o homem fez. Logo que enfrentou o rompimento, retirou das costas os dois pesos do medo e da culpa. Logo que esses companheiros foram afastados, suas energias foram se restabelecendo com todo o vigor. Ele voltou a dormir sossegadamente. E retornou às suas atividades normais.

Quer dizer: desperdiçou muitas energias emocionais, desnecessariamente por falta de atitude.

São coisas da vida não equilibrada e responsável!

CAPÍTULO NOVE

EM DESESPERO, FAÇA PRECES – I

EM DESESPERO, FAÇA PRECES – I

A prece é o orvalho divino que aplaca o calor excessivo das paixões.

Santo Agostinho - O *Evangelho segundo o Espiritismo*

O PODER DA ORAÇÃO é muito grande. A sua força e seus efeitos benéficos estão simplesmente acima da imaginação humana.

Muito mais coisas se consegue pela oração do que podemos imaginar.

Se soubermos fazer uso dessa potencialidade interior, muitos problemas podem ser solucionados; desvios podem ser evitados; suicídios deixarão de ocorrer; pessoas podem sair de situações embaraçosas; enfermidades podem ser curadas; descrenças podem ser desfeitas e se transformarem em fé verdadeira; muitas emoções desequilibradas podem ser refeitas; pensamentos e ideias tenebrosos podem ser revertidos, enfim, muitos males podem ser evitados.

Infelizmente, existem muitas criaturas - e gente esclarecida -, que julga a prece ineficaz e até desnecessária, e que só os fracos recorrem às orações quando em dificuldades.

Isso nos faz lembrar Nietzsche, o filósofo alemão, conhecido como o louco ateu germânico. Ele costumava dizer: "É vergonhoso orar". Enquanto isto, o grande Rui Barbosa, filósofo e jurista brasileiro, dizia que "a oração é o íntimo sublimar-se d'alma pelo contato com Deus".

O famoso parapsicólogo norte-americano, J. B. Rhine, fundador da moderna parapsicologia, do pedestal da sua sabedoria científica, dizia: "Um dos problemas da religião, talvez o seu maior problema prático, é o da eficácia da prece".

Para os ateus e os materialistas, que não têm o bom hábito das orações, estas são mesmo inúteis, prejudiciais. Porque, Deus, se existisse (segundo eles) não escutaria os nossos pedidos.

Ficamos com o parecer de Allan Kardec: "As preces feitas a Deus, escutam-nas os espíritos incumbidos da execução dos Seus desígnios; as que são dirigidas aos bons espíritos vão também para Deus. Quando oramos para outros seres, e não para Deus, aqueles nos servem apenas de intermediários, de intercessores, porque nada pode ser feito sem a vontade de Deus". (*O Evangelho segundo o Espiritismo* - capítulo 27, item 9).

O bom hábito da prece é tão eficaz para a alma e para o corpo, que a maioria dos psicólogos do mundo a tem indicado aos seus pacientes, notadamente para aqueles que estão presos à ansiedade e à depressão. E por que não dizer que as orações fervorosas se constituem em sedativo do espírito? Em calmante da alma e do corpo?

É preciso uma fórmula previamente elaborada

para as preces, a fim de que possam surtir efeito salutar? Claro que não! A quantidade de palavras não surte o menor efeito sobre os nossos pedidos, mas sim, a necessidade que brota espontânea do nosso coração, principalmente nos momentos de desespero da alma.

Isto, porque Deus conhece as nossas necessidades, muito embora todos os nossos pedidos não sejam necessariamente atendidos, porque vão depender do nosso merecimento. Mas, quando os problemas não são todos solucionados, pela prece, o alívio virá com certeza.

É interessante sabermos que todos os nossos pedidos não podem ser atendidos pelas orações, por causa da gravidade das nossas faltas, umas cometidas nesta vida, e outras, em existências anteriores.

Assim, é de necessidade que tais dificuldades físicas, financeiras, materiais ou morais continuem, como penalidades, a fim de purificarem a nossa alma rebelde, francamente desobediente.

As leis do Pai Celestial são bem feitas, muito justas, ao lado da Infinita Misericórdia. Tudo isso é muito lógico, desde que não se espere milagres das leis de ação e reação (lei do karma).

Quando Jesus ensina no *Evangelho:* 'buscai e achareis, pedi e obtereis e ajuda-te a ti mesmo que o céu te ajudará', evidentemente ele está nos orientando e estimulando sobre os poderes da prece que, através dela, bem sentida, fervorosa, alcançaríamos os nossos objetivos espirituais, primeiramente, e depois, os materiais, logicamente.

Certa vez, já faz dois anos aproximadamente, após terminar a palestra em um centro espírita da Capital, fui abordado por uma senhora de posses, que logo passou a contar a história do seu filho do coração, viciado em drogas.

Esse filho era o objeto maior das suas preocupações. Por força mesmo do vício o rapaz se tornara violento. Tornava-se mais agressivo quando pedia dinheiro para comprar a droga e lhe era negado. Aliás, comportamento normal nos adictos. Às vezes, dormia fora de casa, andava em más companhias, chegava em casa embriagado, criando todo tipo de problema. A situação era realmente difícil.

Depois de relatar o caso, perguntou-me o que eu sugeria-lhe para resolver o problema. Respondi-lhe que já havia dado o primeiro passo, que era buscar o auxílio do espiritismo. Que o segundo passo seria dado pelo próprio rapaz, pois, segundo ela, o moço, quando passava o efeito da droga e do álcool, demonstrava arrependimento, chorava à vontade e jurava que um dia se libertaria de tais vícios, mas não possuía forças suficientes para tanto.

Quer dizer: tinha vontade de deixar o mal, mas se sentia fraco. Isto significa dizer que o jovem revelava esse lado fraco, a vontade, que precisava ser realimentada de energia para se tornar forte. Mas aquela senhora não sabia como explorar esse lado.

Sugeri-lhe que continuasse com a mesma paciência e a mesma esperança de recuperá-lo, pois, poderia se tratar de um seu filho verdadeiro de outra encarnação, naturalmente enjeitado por ela pela mesma razão e que retornou hoje como seu filho adotivo, para recuperá-lo, já que ela não o fez no passado. Que não descuidasse também de ajuda profissional de especialista.

Quer dizer: o problema mal resolvido de outrora, voltou mais grave.

Sugeri-lhe que fizesse preces aos bons espíritos para renovarem o poder da vontade do jovem; que nos momentos em que ele estivesse normal, lhe oferecesse *O Livro dos Espíritos* para leitura e reflexão, para facilitar o trabalho de reabilitação por parte dos bons espíritos e o convidasse frequentemente para acompanhá-la ao centro espírita, a fim de se submeter a um tratamento espiritual e lhe desse uma atividade, a fim de ocupar o espaço ocioso da sua mente.

Passaram-se nove meses.

Quando voltei ao mesmo centro, lá estavam logo na primeira fila de cadeiras aquela senhora e seu filho. Após a reunião, ela me contou que todas as suas súplicas a Deus, pelas orações, foram atendidas. Há quatro meses que o rapaz havia deixado os dois vícios de beber e das drogas, inclusive, até que já estava fazendo parte do Departamento de Mocidade do centro espírita. Recuperou-se completamente.

Ela confessou que estava muito feliz.

A prece fervorosa resolveu o problema? Claro que sim! Mas, acima de tudo, deve-se considerar que a mulher, devotada à recuperação do filho do coração, teve merecimento, uma vez que trabalhava pela libertação de uma alma que, como dissemos, talvez tenha sido seu filho legítimo em uma existência passada. Neste caso, ela se comprometeu no mundo espiritual a retornar em outro corpo (como o fez) com a prova de recuperar um espírito doente, seu filho adotivo, e legítimo, da encarnação anterior.

Como se vê, com as orações muitos problemas podem ser solucionados, sem que por esse meio, possam as leis celestiais ser derrogadas. A prece, além de surtir esse resultado, nos enche de conforto, de paz, de tranquilidade de espírito, de esperanças. Renova as nossas energias psicofísicas.

Um famoso psicólogo francês, em conferência para uma imensa plateia de médicos e enfermeiros, psiquiatras e psicanalistas, disse que a prece é a maior força que as criaturas têm à sua disposição para resolver suas dificuldades pessoais. E acrescentou que, assim como há técnicas científicas para a liberação da energia atômica, existem também processos psíquicos para a liberação de energias espirituais, através da prece.

Observemos que as pessoas que cultivam o hábito de fazer preces estão menos sujeitas às ansiedades, às tensões nervosas e à depressão.

São criaturas sadias da alma e do corpo.

Todavia, as pessoas que não têm esse hábito, muitas vezes são robustas de corpo, mas frágeis de espírito, porque facilmente se tornam ansiosas, tensas e depressivas.

Pode-se dizer, pois, que nesses casos não há

necessidades de tais pessoas serem assim, nem tampouco Deus quer isso. Deus só deseja o nosso bem. Logo, como dissemos, não há necessidade de sermos ansiosos, nervosos e depressivos.

A prece pode ser feita diretamente a Deus. Mas também pode ser feita a Jesus e aos bons espíritos. Estes, portanto, são os santos ou os anjos da Igreja católica, ou podem ser o "Espírito Santo", das igrejas protestantes. Isto pouco importa. O que importa é que pela prece, recebamos o fluxo de fluidos ou energias benéficas que renovem a nossa alma, solucionem os nossos problemas ou, pelo menos, os aliviem.

Assim, cultivemos a prece, essa força superior, como terapia.

No capítulo seguinte, citaremos alguns exemplos de pessoas que solucionaram problemas graves de família, apenas fazendo preces.

CAPÍTULO DEZ

EM DESESPERO, FAÇA PRECES – II

EM DESESPERO, FAÇA PRECES – II

Avançai, avançai pelas veredas da prece e ouvireis as vozes dos anjos. Que harmonia!

Santo Agostinho – O *Evangelho segundo o Espiritismo*

O HÁBITO SALUTAR DAS orações, cuja função específica é estimular as forças do pensamento e, assim, torná-lo criativo, é indicado por todas as crenças religiosas. Também nos aproxima de Deus e dos seus emissários celestiais. Porque a base da prece é a fé, é a crença firme, sincera, inabalável, nos poderes superiores invisíveis, que, evidentemente, emanam de Deus: Inteligência Suprema do Universo e Causa Primária de todas as coisas, como bem ensina a questão n. 01, de *O Livro dos Espíritos*.

A prece também está ligada ao fator imaginação. O poder da imaginação também é fantástico.

Senão, vejamos.

Norman Vincent Peale em sua obra *O poder do pensamento positivo*, cita um exemplo bastante interessante.

Ele se refere a uma senhora que descobriu que o marido andava interessado em outra mulher. Seu casamento havia sido feliz, mas o afeto que existia entre ambos esfriou. Isto ocorreu porque ele mergulhou em cheio no mundo dos negócios e ela na vida social.

Quando descobriu o interesse dele por outra mulher, perdeu a calma e se tornou histérica. Ao procurar um religioso para desabafar, ela teve a coragem de confessar o seu erro. Havia realmente se descuidado do lar e se tornado egoísta, irritada, agressiva, em vista de se sentir inferior ao marido, social e intelectualmente. Tornara-se temperamental como refúgio aos seus complexos e recalques.

Contudo, o religioso descobriu que aquela senhora tinha mais talento e beleza do que supunha. E tentou convencê-la de tal realidade. Para isso, ele usou o método da sugestão. Sugeriu-lhe que criasse em sua imaginação a imagem de si mesma, como sendo muito competente e atraente e que, para se tornar tratável, mais graciosa em suas maneiras, que ela recorresse à fé e ao poder da prece, duas grandes forças da alma.

O religioso, com habilidade, aconselhou-a a manter sempre acesa em sua potente imaginação, a chama da ideia da recuperação da antiga afeição e camaradagem que sempre a unia ao marido, bem assim a considerá-lo uma criatura boa, confiável, protetora. E que idealizasse também o restabelecimento da paz e da harmonia que sempre existiu entre ambos. Que ela fizesse esforço em disciplinar o ciúme e retirasse da mente a imagem do marido como um traidor.

Que mentalizasse esse quadro positivo em seu subconsciente, com fé sincera.

Pareceu que esse processo foi hipnótico.

Ocorreu que o marido, nesse meio tempo, propôs a separação, mas ela suportou firme. Estava espiritualmente preparada para receber tal notícia.

Ela respondeu que lhe concederia o divórcio sem nenhum problema, contanto que a decisão fosse adiada pelo prazo de três meses, período suficiente para ambos refletirem e, assim, tomarem uma decisão madura, definitiva.

Acrescentou que, se ao final dos noventa dias, ele continuasse com a mesma ideia, ela concordaria. Ele, ante a proposta inesperada, fitou-a admirado, porque esperava uma reação agressiva. Mas ela aprendeu a se dominar. Estava calma, plenamente consciente, tranquila.

Ele continuou em casa, mas saía todas as noites. Entretanto, recordando a sugestão do pastor, imaginava o esposo em casa, sentado na sua antiga cadeira, lendo um livro ou um jornal e conversando, fazendo uma coisa ou outra, lavando os pratos e arrumando a cozinha, como nos velhos tempos. Até que trazia dos arquivos da memória, a imagem bem nítida do tempo em que ambos jogavam "golf" e saíam abraçados para os passeios de rotina.

Esse quadro manteve-se vivo em sua imaginação com a força da fé verdadeira.

Ocorreu que certa noite, ele chegou e sentou-se na antiga cadeira. Ela olhou de lado só para conferir a realidade.

Os dias foram se passando e ele passou a ficar mais em casa e mais participativo dos problemas do lar. Sentava-se sempre na mesma cadeira e pedia jornais, revistas e livros para ler, como nos velhos tempos.

Nesse meio tempo ocorreu uma surpresa: num dia de sábado à tarde perguntou a esposa se ela gostaria de jogar uma partida de "golf", como nos velhos tempos.

Os dias se passaram normais. Mas a senhora percebeu que o prazo de noventa dias estava se esgotando. Ela chamou o marido e lembrou-lhe: – "Bill, o prazo termina hoje. Você está lembrado?". Ele respondeu: – "que prazo?". Estava esquecido. – "Não se lembra? Tínhamos concordado em esperar noventa dias para resolvermos a questão do divórcio. Hoje é o dia" – encerrou a esposa, tranquilamente. E ele, todo desconcertado, fitou a mulher nos olhos, escondeu o rosto por trás do jornal e respondeu: – "Não seja bobinha. Eu não poderia viver sem você. Que ideia foi essa de que eu iria deixá-la?"

A senhora, enfim, salvou o seu casamento. Confirmou que foi por meio das preces. E tudo voltou a ser como era nos velhos tempos.

Mais outro caso interessante que relata o pastor Norman Vincent Peale. Desta feita, trata-se de um cidadão viciado em álcool.

Compadecido, o religioso há seis meses vinha fazendo orações pelo viciado, exatamente o tempo que deixara de beber.

O homem era de negócios, e viajou. O pastor teve

a impressão que ele estava em dificuldades, pois, a sua figura não saía da mente do religioso. Este, conforme declara, sentiu uma força invisível induzi-lo a fazer uma prece. Deixou seus afazeres habituais, recolheu-se e passou a mentalizar a figura do homem, com ardor, pedindo a Deus que o ajudasse no propósito de não voltar ao vício. Confessa que após as orações, sua mente ficou calma, tranquila, como se tivesse retirado um grande peso do juízo.

Diz o pastor que dias depois, o homem telefonou informando que no período que passou em Boston, cidade dos Estados Unidos, não tomou uma gota de álcool, se bem que foi muito tentado para tal, mas, felizmente, conseguiu se controlar.

O pastor, surpreso, perguntou: "Isso foi terça-feira, às quatro horas da tarde? - Sim, foi. Como é que soube? Quem lhe contou?" - perguntou admirado. O religioso respondeu que ninguém lhe havia contado e descreveu para o homem a forte impressão que teve e as preces que fez por ele, exatamente naquele dia e hora.

O homem informou que no dito momento em que estava hospedado no hotel, sentiu a maior tentação para beber, mas se lembrou da pessoa do pastor e passou a orar com fervor. A vontade, que era forte, foi passando devagar. E após a crise, comprou uma caixa de bombons e se deliciou, ao invés de beber.

Terminou sua fala pelo telefone, brincando: - Salvei-me da situação com "orações e bombons".

A conclusão é que o poder da oração foi tão forte, que as vibrações foram transferidas do pastor para o homem e, deste para aquele. O processo foi telepático. Ambos se mentalizaram e as correntes de forças magnéticas se cruzaram e atingiram seus respectivos objetivos.

A prece por alguém que está em aflições é de um valor extraordinário.

Allan Kardec, em seu livro *O Evangelho segundo o Espiritismo*, no cap. 28 - Preces espíritas -, diz: "A prece, neste caso, pode também ter efeito direto, dirigindo, sobre a pessoa por quem é feita, uma corrente fluídica com o intento de lhe fortalecer o moral".

No referido capítulo Kardec apresenta uma coletânea de preces variadas: para afastar os maus espíritos; para pedir a corrigenda de um defeito; para pedir a assistência dos espíritos protetores; para agradecer a Deus pela vitória alcançada sobre as tentações; para pedir conselhos aos guias espirituais; pedir para aliviar as aflições da vida; ação de graça por um favor obtido; ato de submissão à vontade de Deus e resignação nas provas.

Além dessas, estas: preces num perigo iminente e por haver escapado a um perigo; preces à hora de dormir; preces prevendo próxima a morte e por alguém que esteja em aflição; pelos nossos inimigos desencarnados e pelas pessoas que nos querem mal; por uma criança que acaba de nascer e por pessoa prestes a morrer; preces pelos espíritos endurecidos; preces pelas criaturas que se suicidaram e pelos espíritos penitentes e tantas outras orações.

Como já dissemos, as preces, cujas necessidades brotam do coração, mesmo em poucas palavras, mas que sejam sentidas, são a terapia da alma.

CAPÍTULO ONZE

QUAL O SEU CONCEITO DE CORAGEM?

QUAL O SEU CONCEITO DE CORAGEM?

A coragem moral é a arma dos homens sábios.
Platão

O DILETO DISCÍPULO DE Sócrates teve razão em formular a frase acima. Porque, muitos ainda confundem a coragem moral com a coragem física, a do corpo a corpo.

A primeira é própria dos homens de sabedoria, qualidade que reúne prudência, bom-senso, juízo reto, compreensão dos valores da vida, visão ampla das coisas, moderação, firmeza de decisões e outras qualidades correlatas.

A segunda é própria dos ignorantes, dos violentos, dos insensatos, dos que tentam resolver seus problemas pessoais com armas ou corpo a corpo.

Assim, qual o seu conceito de coragem? Será que o seu conceito está enquadrado nos conceitos seguintes, do espírito Meimei, que agora repassamos para você?

Reflita: "Não te afastes da paciência quando as dificuldades se agravem.

Ainda que provações inesperadas te espanquem o coração, conserva a serenidade e segue adiante, agindo e servindo.

Pensa nos que perderam a fé e tropeçaram na violência; medita nos que tombaram em desespero e resvalaram na loucura.

O verbo que te vergasta pode ser a enfermidade em forma de insulto e a mão que te golpeia estará provavelmente sob o impulso das trevas."

O espírito Meimei enfatiza o conceito de coragem cristã: "Coragem não é revidar, nem cair na exibição de poder. A coragem verdadeira ergue-se da compreensão e da bênção, quando o desequilíbrio tente assaltar-te".

Acrescenta: "Em qualquer circunstância, escora-te no esforço de resguardar o bem. E quando estiveres a ponto de pronunciar qualquer frase irrefletida ou de empreender a mínima ação contra os outros, **ora e silencia**, porque o Céu te ouve e Deus te sustentará".

Essa é a nota da coragem, segundo o conceito espírita-cristão.

Samuel Smille, em sua excelente obra *O caráter*, diz que o mundo deve muito aos homens e mulheres corajosos. Diz mais que a coragem que se revela em esforços silenciosos - a que se dispõe a tudo suportar e tudo sofrer por amor da verdade e do dever -, é superior à que se manifesta em proezas físicas, recompensadas com honras e títulos ou com grandes triunfos, muitas vezes ensopados de sangue.

Há os valentes da força física e os valentes da força moral. Alguns exemplos de homens valentes da força física foram os gladiadores que expuseram suas vidas em lutas sangrentas no Coliseu romano.

Mais outros exemplos de homens valentes da força moral foram aqueles que mesmo arriscando suas vidas, expuseram suas ideias, suas doutrinas, seus pensamentos, que contrariaram as doutrinas e as ideias tradicionais, com todo o seu séquito de fanatismos e preconceitos.

Os modelos de homens valentes da força moral, entre inúmeros, foram Sócrates, na filosofia; os apóstolos, notadamente Paulo de Tarso, no cristianismo; a médium Joanna d'Arc, pela causa da França; o monge Martinho Lutero, pela causa da Igreja Reformada (Protestantismo); todas as vítimas da Inquisição, pela liberdade de todos interpretar a Bíblia a seu modo; Kepler e Galileu, pela causa da astronomia.

Esses e aqueles foram os valentes que ficaram na História. Afora eles, são incontáveis também os que se ocultaram no silêncio do anonimato.

A lista é quase interminável de homens e mulheres estoicos, heroicos mesmo, autênticos modelos de coragem moral.

É com justa razão que Samuel Smille, expondo seu amplo conceito de coragem moral, chega a afirmar que é esse tipo de valentia que caracteriza a verdadeira grandeza do homem e da mulher. Que ambos se denunciam pela coragem de indagar e dizer a verdade, bem assim de ser justo e honrado, de ter dignidade, de resistir às tentações e de cumprir o seu dever.

Afirma mais que o homem ou a mulher que não possuir a virtude da coragem moral, não pode ter a certeza de possuir as demais virtudes.

Realmente. Homens dessa têmpera é que aceleram o progresso das nações. São eles, sem dúvida, que assumem as grandes lideranças, tanto no campo político e social, religioso e cultural, quanto nas demais atividades da existência humana.

Conforme afirma Samuel Smille - e ele tem razão - não existe nenhuma grande verdade ou nenhuma grande doutrina, que não tenha tido de lutar contra seus detratores, seus opositores radicais, contra os caluniadores e perseguidores cruéis. Isto sempre ocorre, até que seja reconhecida como verdade.

Isto me faz lembrar Allan Kardec ao codificar a doutrina espírita ou a filosofia dos espíritos. Até que o espiritismo fosse reconhecido pelos homens, o mestre lionês foi levado ao calvário das perseguições sem tréguas, tanto dos materialistas reencarnados, das religiões e dos sistemas filosóficos da época, quanto dos materialistas e ateus desencarnados.

Esse fato também nos faz recordar o que dizia o pensador Heine: "Em qualquer parte que uma grande alma dê voo aos seus pensamentos, encontra um Gólgota".

E por que Jesus, ao trazer ao mundo a "Boa-Nova" do *Evangelho*, foi levado ao calvário? Foi, como ensinam as igrejas ditas cristãs, para salvar a Humanidade? Salvar, assim tão fácil? Não. A verdade não é essa.

O Cristo foi sentenciado ao calvário, por que bateu de frente com o judaísmo.

Apoiado em sua coragem moral, que bem caracterizava sua grandeza espiritual, reformulou as leis civis do legislador Moisés, fonte doutrinária da poderosíssima religião dos judeus, combateu o paganismo religioso, curou os enfermos da alma e do corpo. E sintetizou a lei de Moisés, bem assim o Decálogo e os ensinos dos profetas, em apenas dois mandamentos: "Ama o teu Deus de toda a tua alma, de todo o teu coração, de todo o teu espírito. Este, o primeiro mandamento. E ama ao teu próximo como a ti mesmo. Este, o segundo mandamento".

Intrépido, converteu muitos fanáticos seguidores do judaísmo, a começar por Saulo de Tarso; inflamou os escribas e os fariseus, chamando-os de sepulcros caiados; interpretou, nas sinagogas, o antigo testamento à luz da sua sabedoria, interpretação que era privilégio dos príncipes dos sacerdotes.

Desassombrado, mandou recado para o rei Herodes, chamando-o de raposa; fez diversas curas em dias de sábado, contrariando as leis de Moisés; expulsou os maus espíritos e por isso foi tachado de feiticeiro; ao contrário do que ensinava Moisés, apresentou um Deus justo, mas infinitamente misericordioso e Pai de toda a Humanidade, e não apenas dos judeus, considerados o povo eleito do Senhor Javé.

Por isso e por muito mais, Jesus foi considerado embusteiro, agitador das massas e, portanto, inimigo declarado das leis de Moisés. Por tais razões, repito, recebeu a penalidade máxima da época: morrer na cruz ao lado de dois malfeitores.

Volto a dizer: O Cristo não sofreu aqueles martírios nem morreu no calvário, para que seu sangue tirasse os nossos pecados e nos desse a salvação. Absolutamente. Cada um que cuide da sua salvação, expiando os seus pecados no decurso das sucessivas reencarnações. Isto, sim! Pensar diferente é fantasia, é ilusão que trará cruéis desilusões depois da morte.

Muita gente ainda pensa, que para viver o dia a dia da vida é preciso uma coragem especial, uma coragem heroica. Não. A coragem que mais precisamos cultivar é a mais simples, porém de grande valor.

Por exemplo: a de sermos o que realmente somos; a de resistir aos impulsos maléficos, que ainda dormem em nosso interior; a de não pretender passar pelo que não somos; a de sermos honrados; a de dizer a verdade; e a coragem de vivermos condignamente com os nossos parcos recursos e não levarmos uma vida vergonhosa à custa dos outros.

Como vemos, a coragem não precisa ser heroica.

Como vai o seu conceito de coragem?

CAPÍTULO DOZE

SAIBA CONSTRUIR A SUA FELICIDADE

SAIBA CONSTRUIR A SUA FELICIDADE

Existem duas espécies de felicidade: a que consiste na aquisição de bens materiais e a que consiste na aquisição de bens espirituais. Na primeira, o indivíduo se julga feliz porque é detentor de fortunas, que lhe possibilita uma existência farta, até luxuosa. Acostumado a ter tudo às mãos, do bom e do melhor, entretanto, quando tais coisas lhe foge ao controle, sente-se infeliz e muitos até se suicidam. Essa felicidade é irreal, passageira, ilusória. Porque o indivíduo só é feliz enquanto a detém.

Na segunda, o indivíduo é feliz porque seus bens são todos espirituais, embora não despreze os bens materiais e reconheça o seu valor. Sente-se feliz porque sua consciência vive em paz, é tranquila. Cultiva esse estado de espírito, embora não disponha de recursos em dinheiro ou bens, às vezes somente dispõe do necessário para viver. São pessoas naturalmente sem exagero de ambições, que cultivam com naturalidade o desprendimento dos bens materiais, porque são espíritos reencarnados com progresso já feito nesse sentido. Por isso sentem-se felizes.

Essa é a felicidade real, porque independe dos bens de fortuna.

Essa é a felicidade da qual Jesus e seus discípulos deram bom exemplo.

É verdade que os discípulos do Cristo eram espíritos reencarnados com um nível de progresso moral muito acima do nosso, mas, dando-se os devidos descontos, eles, ainda hoje, são modelos de desprendimento em que devemos refletir, embora, muitas vezes, sejamos tentados pelos impulsos da cobiça.

Entretanto, sem a pretensão de darmos passos muito longos no terreno de mudanças ou reformas rápidas em nosso caráter, podemos começar agora mesmo o exercício do desprendimento das ambições radicais.

As pessoas que se consideram felizes porque possuem tudo em suas mãos, quando perdem essas coisas e caem na carência, deixam de ser felizes. Por quê? Por que sua felicidade não é verdadeira, como era a dos discípulos do Cristo.

Conheço uma família pobre que mora em modesta casa de apenas quatro vãos, à margem do rio Capibaribe, no interior. São seis filhos menores e os pais. Vivem da pesca. A mulher lava roupas de ganho. Perguntei-lhe se era feliz. Respondeu que sim, mas seria mais feliz, se tivesse apenas uma geladeira e um fogão. E o que dizia era a pura verdade. Nunca escutei o casal se queixando da vida, mas sempre rindo, satisfeito, alegre e dando graças a Deus pelos filhos que tem. Família simples, mas equilibrada.

A felicidade dessa família é completa? Claro que não! Porque nada neste mundo é completo. Sempre falta uma coisa. Mas, a família, dentro do relativismo do conceito de felicidade, se sente feliz, plenamente realizada. É assim que se deve viver, mesmo nas pequenas e inevitáveis carências.

Diante dessa realidade, recordo o *Livro de Provérbios*, no Antigo Testamento, quando diz: "... aquele que tem o coração alegre está sempre em festa". (Provérbios: 15:15). Inegavelmente, há pessoas que para as quais tudo é alegria, tudo é festa, tudo é simpatia, tudo são risos e abraços, mas tudo isso não passa de disfarce para ocultarem problemas pessoais e, às vezes, para esconderem uma personalidade ácida, ferina, azeda. É o que se chama comumente de simpatia artificial, exigência da vida social. A Bíblia está se referindo acima às criaturas alegres, festivas, mas sem falsidade, sinceras, que é o caso da família modesta, que acima citamos como exemplo.

Agora, vamos citar um exemplo oposto. Trata-

-se de um casal de estrangeiros residindo aqui no Brasil. Muito rico, vivia sempre viajando em passeios de turismo. Possuía mansão, fazendas, casa na praia, gordas aplicações financeiras, saúde boa, filhos bem empregados, enfim, o casal vivia uma vida que pediu a Deus.

Mas a mulher se queixava de tudo. Nas viagens, onde se hospedava o casal, ela reclamava dos quartos do hotel, do piso, dos lençóis, da cama, do horário de alimentação, das vestes dela própria e do marido, olhava-se ao espelho e via-se velha demais, trocava oito a dez vestidos para escolher apenas um, pintava-se e despintava-se, botava peruca e tirava peruca e nas horas de refeições brigava com todos, etc. E o marido, de temperamento manso, fazia suas críticas, às vezes advertências severas, mas nada resolvia.

Na excursão, desta feita, havia um psicólogo famoso. Este, então, também já esgotado de escutar aquela ladainha irritante, perguntou ao marido qual o problema dela. Ele respondeu que sua mulher era dona da indústria de construir infelicidades. Ela tem tudo e reclama de tudo.

Como vemos, há pessoas assim mesmo. Talvez o erro esteja em elas possuírem de tudo. Talvez se aquela senhora vivesse em carência, não se queixasse tanto e até lutasse por um objetivo na vida, para ser feliz.

As pessoas quando exageram, precisam de lições que lhes golpeiem o orgulho e a vaidade.

Aquela mulher representa uma grande parte de criaturas que constroem a sua própria infelicidade, porque elas acreditam ser infelizes, embora tenham tudo nas mãos. Criam até doenças fantasmas, tornam-se ansiosas e depressivas.

Tais pessoas, na verdade, não são infelizes, mas creem que são; não são doentes, mas acreditam que sim. Elas se especializaram na arte de infelicitar à própria vida e infelicitam a vida dos que a rodeiam.

No entanto, esse quadro de aparente infelicidade pode ser revertido, se elas quiserem. O remédio é mudarem de visão. É verem o lado saudável das situações que tais pessoas veem errado.

É trocarem de hábitos: se habituarem a não se queixar, a não se lamentar de situações que já caíram na lista do passado, a descobrir os segredos da alma, das forças e poderes interiores para transformar as suas vidas, a fim de viverem mais felizes aqui no mundo.

A regra é simples, mas precisa ser encarada com seriedade e força de vontade, para fazer as transformações íntimas.

Não devemos esquecer que toda felicidade, tanto no aspecto espiritual, quanto no material, é uma construção nossa. Nós é que decidimos ser felizes ou infelizes. O nosso temperamento, o nosso gênio, as nossas ações, as nossas atitudes, benéficos ou maléficos é que determinam os caminhos da felicidade ou da infelicidade que desfrutaremos no futuro. Quem semeia ventos fortes, não pode colher outra coisa senão tempestades.

Que bom, se aprendêssemos a construir em nós a felicidade natural das crianças!

CAPÍTULO TREZE

COMO VAI VOCÊ COM A SUA VONTADE?

COMO VAI VOCÊ COM A SUA VONTADE?

A vontade é atributo essencial do espírito.
Allan Kardec

Enquanto Paulo de Tarso, o apóstolo defensor dos gentios, em sua 1ª. Epístola aos Coríntios, diz que a fé, a esperança e a caridade são as três maiores virtudes, realçando esta última como a rainha das demais, sobrepondo-se até à própria fé, há quem afirme que das três forças da alma, tais como a vontade, a determinação e a paciência, a mais poderosa das três é, sem dúvida, a primeira. Porque nada, mas nada mesmo o ser humano consegue realizar, sem os comandos do império da vontade.

Sem essa força da alma, o homem deixa de ser um ser, para se tornar um mero boneco, sem desejos, sem querer, sem iniciativa, sem metas a perseguir. Sem a vontade, o homem pode ser algo, apenas algo, mas não é ninguém.

Quando o homem deseja um fim, um objetivo, uma meta, quando aspira mesmo, basta acionar os botões de comando da força de vontade, que todas as correntes de energias que circulam dentro do seu ser, vêm em seu auxílio.

Temos exemplos de muitos homens que conseguiram grandes feitos heroicos, grandes proezas, porque souberam manipular com técnica os poderes fantásticos da vontade férrea.

Cristóvão Colombo descobriu a América, graças a esse poder. Com essa mesma força Abraham Lincoln, presidente dos Estados Unidos, aboliu a escravatura em seu país, o mesmo ocorrendo aqui no Brasil, graças ao espírito decidido da princesa Izabel.

Com obstinação e coragem, o médium brasileiro, o virtuoso Chico Xavier, cumpriu a sua missão na seara do espiritismo, psicografando centenas de obras de grande valor literário, histórico, filosófico e teológico. Obras que levaram e continuarão levando conforto, paz e esclarecimento doutrinário a milhões de criaturas necessitadas, espalhadas pelo mundo inteiro.

É com vontade que os negros vêm ocupando o seu espaço nos Estados Unidos, demolindo barreiras raciais nunca vistas.

É com o império da vontade que jovens pobres, saídos do anonimato da vida modesta, amargam diversos tipos de dificuldades, mas enfim, através de esforços sobre-humanos estudam e conseguem conquistar seus diplomas de doutores, que os ajudam a crescer em suas atividades profissionais.

Foi com essa poderosa força do espírito que o mestre Allan Kardec, numa época de preconceitos vários, de cortinas de descrença a romper, conseguiu codificar o espiritismo e escrever as cinco obras fundamentais da doutrina, chamadas "Pentateuco Kardequiano", cujo objetivo não é outro senão apontar os caminhos de luz, por onde a Humanidade deverá trilhar.

Foi com vontade e obstinação, que o cientista Albert Einstein conseguiu realizar suas descobertas no campo da física.

Com essa mesma obstinação, os célebres cientistas franceses, Lavoisier e Pasteur, conseguiram realizar proezas nos campos da química e da bacteriologia. O primeiro, com a teoria de que na Natureza nada se cria, nada se destrói, tudo se transforma. O segundo com a descoberta do mundo das bactérias, usando apenas um instrumento rústico chamado microscópio.

Todos esses homens de grande valor e tantos outros que ficaram no anonimato, souberam explorar os segredos da alma, no caso, em forma de vontade.

E você, como vai indo sua vontade? É fraca ou forte?

Agora, veio-me à lembrança o que Kardec ensina em sua obra *O Livro dos Médiuns*, item 131: "...A vontade não é um ser, uma substância qualquer; não é, sequer, uma propriedade da matéria mais etérea que existe. A vontade é atributo essencial do espírito, isto é, do ser pensante".

Aí, oportunamente, está a resposta para as pessoas que ainda acreditam ser a vontade fruto de uma substância produzida pelo cérebro humano. Não. A vontade é atributo da alma. Todas as faculdades são atributos do espírito, que é o ser inteligente. Isto, porque depois da morte, o espírito continua com todas as suas faculdades.

Não se sabe porque as criaturas não se interessam o suficiente por essa força tão poderosa que existe em cada ser humano, que é a vontade. E quando uma boa parte se interessa é somente para fazer o mal. Como dissemos acima, das forças da alma a mais poderosa, a mais potente, a mais soberana é o império da vontade. Quem conhecer os seus segredos e souber explorá-los para o bem, conseguirá realizar feitos fantásticos.

Tais feitos podem se realizar tanto no interior de cada homem, quanto em seu exterior. Entretanto, parece que as pessoas manifestam uma certa má vontade para tudo que dá mais trabalho, que exige mais esforço, mais garra, mais determinação, e dão preferência às coisas mais fáceis, com preguiça de fazerem uso da vontade. Não sabem o que estão perdendo.

Tudo na vida é uma questão de hábito. Se você se educar para usar a vontade para conquistar as coisas muito fáceis, não é tão bom assim como se imagina. Mas, ao contrário, se você se educar para usar essa poderosa força para as aquisições das coisas difíceis, que impõem perseverança, esforço e abnegação, o hábito é louvável. É assim que a sua vontade vai se tornando cada vez mais forte, poderosa. E triunfar cada vez mais nas coisas que fazem bem à alma.

CAPÍTULO CATORZE

CULTIVE O HÁBITO DE SIMPLIFICAR AS COISAS DIFÍCEIS – I

CULTIVE O HÁBITO DE SIMPLIFICAR AS COISAS DIFÍCEIS – I

As dificuldades devem ser superadas.
Jamais, alimentadas.
Flamínio

HÁ PESSOAS QUE ESTÃO sempre exaltadas, agitadas, mal-humoradas por tudo e por nada. São pessoas desequilibradas que implicam e complicam. Tornam as situações fáceis em difíceis. Têm uma visão distorcida de tudo e de todos. Aborrecem-se por tudo e brigam por nada.

ELAS têm a arte de tornar a vida difícil para si mesmas, sem a menor necessidade. Odeiam todo mundo que não pensa como elas. Intrigadas com elas mesmas intrigam-se com o mundo. Assim, estão sempre armadas contra tudo e contra todos.

São criaturas que, infelizmente, ainda não conseguiram se enxergar. Mas, o mais grave é que, quando se acham em situações embaraçosas, criadas por elas mesmas, devido ao seu caráter violento, usam de manhas e sempre se apresentam como vítimas. É uma conduta perigosa.

Elas têm a arte de não tirar nada por menos. Sempre por mais. Complicam as situações e desperdiçam suas preciosas energias em exaltações por uma coisa ou por outra. Mas estão sempre em desgastes desnecessários, que poderiam ser evitados com um pouco de bom-senso e controle das emoções.

É muito importante: se você é uma dessas pessoas, cuide-se. Lembre-se do papel ridículo que você estaria representando ao perder o domínio das emoções, tornando-se exaltado, agitado, violento.

Tenha cuidado com as superexcitações nervosas. Elas exibem a foto espiritual do nosso interior.

As perturbações da alma também superexcitam as funções orgânicas. E com o passar do tempo, esse estado de desalinho termina desestruturando as organizações da alma e do corpo, sua habitação.

Os indivíduos irritados, mal-humorados, agressivos, que tanto faz estarem pelo pé, como pela cabeça, terminam ficando isolados, sem amigos. Até a própria família os evita.

Você é assim?

Estresse e depressão são os termos que estão na boca de todo mundo. É moda. Esses males trazem exaltação e agitação, que podem nos tornar pessoas emocionalmente instáveis. Imprevisíveis nas atitudes tornamo-nos intratáveis no relacionamento social.

Temos certeza de que pessoas com tal temperamento, no fundo, no fundo da sua personalidade, não gostariam de ser assim e, por isso, em suas crises imprevisíveis de exaltação e agitação, imediatamente se arrependem e, daí, como natural consequência, surgem o remorso, a culpa e o desejo de reparar o erro.

E o que devemos fazer para corrigir esse erro, esse lado negativo do nosso caráter?

É estresse? O primeiro passo é reduzir o ritmo acelerado das nossas atividades. Às vezes, nem sequer percebemos que o acelerador da nossa vida profissional está muito fundo.

Existem pessoas, cujas atividades são tão enormes que muitas vezes realmente enriquecem mais depressa, mas de que vale isso se, paralelamente, também aniquilam a alma e o corpo? Nem se lembram desta frase do *Evangelho*: "De que adianta ganhar o mundo e perder a alma!". Essa é a advertência fraterna de Jesus.

Refletindo bem, veremos que é possível viver uma existência sem tantas agitações, sem tanta correria e manter um bom ritmo de trabalho e uma excelente qualidade de vida emocional.

É verdade que o ritmo de vida moderno é pesado. Que o nosso temperamento, o gênio forte, também pesa muito na balança das nossas exaltações e agitações. Mas tudo isso pode receber o tempero da parcimônia, da moderação. A moderação é uma das forças da alma que mantém o equilíbrio das agitações. Diria, um excelente amortecedor do gênio forte.

Essa força do espírito, que às vezes passa ignorada pela maioria das criaturas, não é uma equação matemática, mas é uma fórmula simples, característica própria da humildade, de nós simplificarmos os problemas da vida. Isso é possível fazer. Basta querer. Em que compartimento da mente escondemos ou permitimos adormecer a vontade?

Voltamos a dizer: existem segredos militares; segredos comerciais; segredos de Estado, etc. Da mesma forma, a alma também possui os seus segredos, que precisam ser explorados para o bem pessoal e dos outros.

Veja, por exemplo, que poderes extraordinários

dormem em nosso interior: Sabedoria, sobriedade, modéstia, humildade, paciência. Essas forças, que são segredos da alma, bem exercitadas, podem superar, pela educação paciente, as forças contrárias da ignorância, da intemperança, da vaidade, do orgulho e da impaciência.

Mas você pergunta se tudo isso é possível. Claro que sim. Quando a vontade quer, as coisas aparentemente impossíveis, tornam-se possíveis. Evidentemente os resultados não são imediatos, num abrir e fechar de olhos. Porque hábitos e costumes antigos não podem ser disciplinados com regras mágicas, nem em nós, nem nos outros.

Volto a lembrar o que Jesus diz no *Evangelho de João*, 10:34: "Vós sois deuses", estimulando-nos para que saibamos explorar em nosso interior, as potencialidades divinas, ou seja, dos espíritos elevados.

Você já cultiva o hábito de simplificar as coisas difíceis? Ou você implica e complica?

CAPÍTULO QUINZE

CULTIVE O HÁBITO DE SIMPLIFICAR AS COISAS DIFÍCEIS – II

CULTIVE O HÁBITO DE SIMPLIFICAR AS COISAS DIFÍCEIS – II

Os especialistas em tratamento de distúrbios mentais há muito tempo chegaram à conclusão de que as agitações da vida moderna, responsáveis pelas superexcitações psíquicas, produzem venenos tóxicos, debilitando o corpo e o Eu. (Eles chamam a alma de Eu ou Ego, ou mente). Produz também fadiga inquietante e sensação de frustração.

Por aí, logo se conclui, que esse estado de espírito negativo, deprimente, leva as suas vítimas a complicar a vida.

Não esquecer de carregar no bolso, no carro ou ter em casa, na cabeceira, *O Evangelho segundo o Espiritismo*, como terapia para esse e demais tipos de problemas espirituais.

Essa convivência pacífica com o *Evangelho* é da maior importância, para estabilizar o nosso ritmo de vida.

Não recomendamos comprimidos porque, depois que passa seu efeito, as mazelas da alma retornam mais potentes, como a querer nos provar que as drogas são impotentes para curar as enfermidades do espírito.

Sigamos esta regra, para abrandar o estresse: Ora, se Deus é a paz, faz tudo sem pressa, sem agitação, mantém todo o Universo em perfeito equilíbrio e ritmo, por que não tomarmos o seu exemplo? A melhor maneira de viver é seguir o ritmo da Natureza, que nem tem pressa e nem dá saltos e nela tudo é harmonia.

Esse raciocínio nos faz lembrar aquela passagem do *Evangelho* de João (14:27) "A minha paz vos dou; a minha paz vos deixo".

Essa doce paz de Jesus é o sedativo, é o bálsamo para o estresse da vida moderna, para a depressão, para as excitações das tensões nervosas.

Esse estado da alma também leva as pessoas a se tornarem agressivas e complicarem a vida, sem necessidade.

Onde encontrarmos as fontes de paz para aquietarmos a nossa alma atribulada pelos diversos problemas da vida moderna? No *Evangelho* do Cristo.

Também renovaremos as nossas forças espirituais, afastando-nos das atividades de rotina, dos ruídos e barulhos das grandes cidades. Para isso devemos buscar lugares ermos, tais como bosques, florestas, casas de campo, sítios, praias desertas ou qualquer outro local, onde possamos usufruir da doce quietude da Natureza, em contato mais direto com animais, relvas, árvores, aves, lagos, cachoeiras e, à noite, recebermos as vibrações magnéticas da lua, em qualquer de suas fases.

Isso faz muito bem ao espírito.

Essa solidão periódica, como sedativo ou calmante da alma, (com um bom livro para leitura) foi recomendado por Jesus: "Vinde sozinhos a um lugar deserto e descansai durante algum tempo". (Marcos 6:31).

Comparamos uma vida atribulada, complicada, estressada, com a água enlameada, turva. Essa comparação nos faz lembrar a sabedoria do pensador chinês, Lao-tsé: "Basta deixar a água enlameada parar, para que ela se torne límpida, pois, a lama irá pousar no fundo".

Um sábio oriental comparou as situações difíceis da vida, os momentos de crises morais e materiais diversas, que trazem complicações de todos os gêneros, com a água enlameada; se tivermos a paciência de deixar que a lama das crises desça ao fundo do poço, pouco a pouco a limpidez da solução dos problemas irá surgindo. E tudo voltará ao normal, à paz, à quietude.

Isto quer dizer que as reflexões em momentos de solidão são o elixir, o fortificante da alma perturbada pelas provações da existência terrena. Foi nesse sentido que Jesus legou-nos o conselho acima, registrado pelo *Evangelho* de Marcos.

Já dissemos antes e voltamos a dizer. A maioria das pessoas complica a sua vida porque quer. Precisa aprender a descomplicá-la, para economizar energias físicas e psíquicas. Isto é muito interessante para a saúde do corpo e da alma.

Há pessoas que se julgam tão importantes e, portanto, insubstituíveis, que acham impossível se afastar, mesmo temporariamente, das suas atividades profissionais. Julgam que as suas empresas só andam bem com a sua presença e administração.

Acham também que ninguém cuida dos seus negócios melhor que elas e, por isso, se empenham exageradamente no trabalho, dia e noite, com o mínimo tempo para descansar e dormir. São verdadeiras máquinas humanas. Não querem pensar nem de longe que podem morrer e deixar tudo nas mãos dos outros.

E no entanto, quando isto acontecer, queiram

ou não, seus bens serão bem administrados e com o passar do tempo seus herdeiros nem sequer pensarão nelas. É a vida. É a realidade nua e crua.

A propósito, recordamos uma história contada por Norman Vincent Peale em seu livro *O poder do pensamento positivo*.

Muito interessante.

É o caso de um empreendedor norte-americano, homem de muitos negócios, mas muito nervoso e agressivo. Foi ao médico para resolver os seus problemas de descontrole emocional. Disse que o dia era pouco para cuidar das suas empresas e, por isso, costumava levar uma bolsa completa de documentos para analisar em casa, à noite. Quase em pânico, disse que não podia se afastar do trabalho, pois tinha medo de ir à falência.

O médico perguntou-lhe se não podia delegar poderes aos funcionários para evitar tanto estresse, tanto desequilíbrio emocional. Ele respondeu que era inteiramente impossível dividir sua administração com outra pessoa, alegando que somente ele sabia fazer as coisas certas. Tudo tinha de ser feito depressa e tudo tinha de ser fiscalizado por ele, para não sair nada errado.

Depois de ouvi-lo pacientemente, o médico perguntou se era capaz de cumprir rigorosamente a receita a ser passada. E acrescentou que a recomendação seria tirar duas horas de folga em seus dias de trabalho e dar um longo passeio. Tiraria também meio dia de folga por semana e passaria esse período em um cemitério.

Ao ouvir essa receita, o homem, surpreso, perguntou porque teria de passar esse período no cemitério.

O médico respondeu que desejava que seu paciente contemplasse todos os túmulos dos homens que lá estavam enterrados. E acrescentou: "Quero que o senhor, ao contemplar os túmulos, medite no fato de que muitos dos homens que ali estão sepultados, pensavam exatamente como o senhor. Queriam carregar o mundo nas costas".

Ora, o homem não esperava uma proposta dessa. E o médico aproveitou o momento psicológico e fechou o assunto: "Medite que quando o senhor ficar ali enterrado para sempre, o mundo nem por isso deixará de existir e continuará sua marcha normal. Por mais importante que o senhor seja, outras pessoas irão poder desempenhar o trabalho que agora está desempenhando".

Vincent Peale diz que o homem de negócios compreendeu a lição. Reduziu o ritmo acelerado de suas atividades, delegou poderes a outras pessoas para administrar, passou a admitir o fato de ser substituível, diminuindo sua importância pessoal, acabou a agitação e a exaltação e, finalmente, tornou-se um homem sereno, tranquilo. E declarou que as suas empresas estavam se desenvolvendo bem mais.

Quer dizer: o empresário conseguiu descomplicar sua vida. Como este homem, há muitos outros espalhados pelo mundo, que complicam sua vida sem necessidade. Precisam somente de um bom aconselhamento espiritual.

Fim

VOCÊ PRECISA CONHECER:

Getúlio Vargas em dois mundos
Wanda A. Canutti / Eça de Queirós (espírito)
Romance mediúnico • 16x22,5 • 344pp.

Getúlio Vargas realmente suicidou-se? Como foi sua recepção no mundo espiritual? Qual o conteúdo da nova carta à nação, escrita após sua desencarnação? Saiba as respostas para estas e outras perguntas, agora em uma nova edição, com nova capa, novo formato e novo projeto gráfico.

A vingança do judeu
Vera Kryzhanovskaia / J. W. Rochester (espírito)
Romance mediúnico • 16x22,5 • 424pp.

Escrita num estilo forte, vivo e nobre, esta obra conta a história de um rico banqueiro judeu que se apaixona por uma condessa cristã, mas que, por sua origem e religião, é impedido de ficar com sua amada.

O desenrolar da trama nos mostra a influência benéfica que uma nova visão de mundo, o espiritismo, à época ainda em seu início, pode trazer para as relações entre as pessoas e para as grandes decisões que a vida requer.

Cora do meu coração
Mônica Aguieiras Cortat / Cora (Espírito)
Romance mediúnico • 16x23 • 344pp.

Cora, uma menina mestiça, nascida no século 19 no sul do Brasil, passa a viver junto de uma família tipicamente italiana. Ela tem um dom muito especial e, a cada passo de sua trajetória, vemos como é gratificante utilizar os talentos divinos na ajuda ao próximo. Encante-se você também com essa narrativa!

Não encontrando os livros da EME na livraria de sua preferência, solicite o endereço de nosso distribuidor mais próximo de você através do Fone/Fax: (19) 3491-7000 / 3491-5449.
E-mail: vendas@editoraeme.com.br – Site:www.editoraeme.com.br